Renate Zimmer

Die Sinneswerkstatt

Projekte zum ganzheitlichen Leben
und Lernen

Herder Freiburg · Basel · Wien

Gedruckt auf umweltfreundlichem,
chlorfrei gebleichtem Papier

3. Auflage

Einbandfoto: Renate Zimmer
Alle Rechte vorbehalten – Printed in Germany
© Verlag Herder Freiburg im Breisgau 1997
Satz: Barbara Herrmann, Freiburg
Druck und Bindung: Freiburger Graphische Betriebe 1998
ISBN 3-451-26355-6

Inhalt

Vorwort 7

1. Einleitung 9

**2. Mit allen Sinnen leben und lernen –
Grundlage der pädagogischen Arbeit im Kindergarten** . 14
  2.1 Sinneserfahrungen und Selbsterleben 14
  2.2 Die „pädagogische Konzeption" 18
  2.3 Sinneserfahrungen als Grundlage der pädagogischen
      Konzeption 21

**3. Projekte – Lebensnahes Lernen in ganzheitlichen
Zusammenhängen** 27
  3.1 Was ist „Projektarbeit"? 27
  3.2 Hintergründe der Projektmethode 29
  3.3 Merkmale von Projekten 30
  3.4 Anlässe für ein Projekt 31
  3.5 „Fahrplan" zur Durchführung eines Projektes 33
  3.6 Auswertung und Evaluation 34
  3.7 Dokumentation und Präsentation der Projektergebnisse
      und des Projektverlaufs 36
  3.8 Projekte als wesentlicher Bestandteil einer pädagogischen
      Konzeption der Kindertagesstätte 37

**4. Beispiele für Projekte: Sinnes(t)räume –
im Kindergarten und in der freien Natur** 42
  4.1 Raumgestaltung und Sinne 43
  4.2 Statt Garderoben – Nischen zum Ruhen und Orte
      zum Toben 45
  4.3 Räume für alle Sinne 48
      – Ausflug in eine Zauberwelt: Snoezelen 49
      – Der „Raum der Sinne" 51
  4.4 Eine ganze Etage für alle Sinne 59

Inhalt

4.5 Wasser-, Spritz- und Matschräume 66
4.6 Inseln der Ruhe 70
  – Entspannung – Wege zur Stille 72
  – Phantasiereisen 74
  – Ruhe und Bewegung 76
  – Spannende Entspannungsspiele 78
4.7 Ohne Netz und doppelten Boden: Klettern –
    die Lust am Risiko 82
  – Orte zum Klettern 84
  – Die Welt aus verschiedenen Perspektiven betrachten . 89
4.8 Natur erleben – Naturspielräume entdecken 92
4.9 Wie die Kinder den Wald entdecken 100
  – Der Wald als Bewegungs- und Erfahrungsraum 101
  – Waldtage 108
4.10 Naturkindergarten 111

5. Werkstatt-Ideen 119
5.1 Theo, der Tast-Tausendfüßler 119
5.2 Ein Sinnesparcours in der Eingangshalle 122
5.3 Fühl- und Taststraße für Hände und Füße 128
5.4 Gespensterparty mit Quiz im Geisterschloß 132
5.5 Spiegelwerkstatt 135
5.6 Kugelbahn über zwei Ebenen 137
5.7 Fußspiele – Spielfüße 139

**6. Ein Erfahrungsfeld der Sinne in der Ausbildung von
ErzieherInnen** 142
6.1 Ausgangsbasis, Motivation 142
6.2 Projektplanung 144
6.3 Durchführung des Projektes 148
6.4 Reflexion 149

7. Literatur 155
  Bildnachweis 157

Vorwort

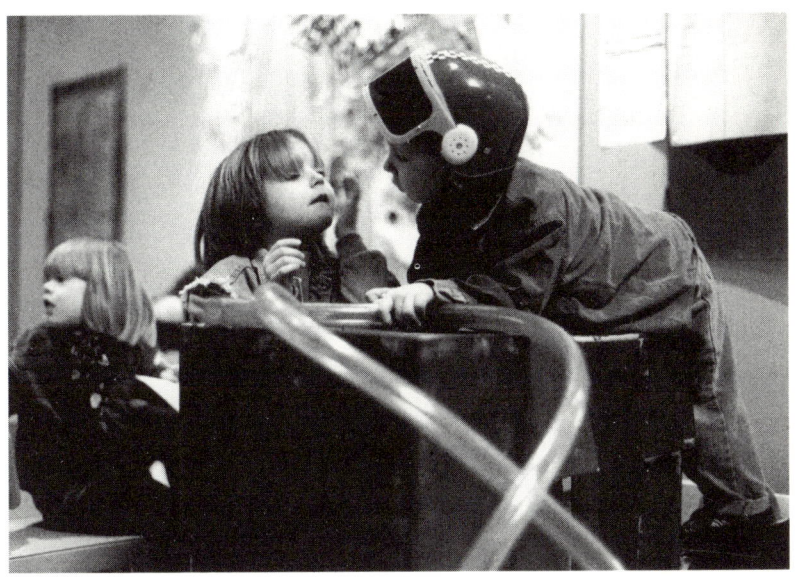

Eine Werkstatt ist ein lebendiger Ort, an dem viel mit Händen, mit dem Körper, mit Phantasie und vor allem mit viel Lust und Freude gearbeitet wird. In der Sinneswerkstatt wird viel Unsinn fabriziert – meinen die einen: Kugelbahnen aus Pappe, wo es in jedem Kaufhaus viel haltbarere aus Plastik zu kaufen gibt, oder Tastbilder aus Sachen, die doch eigentlich auf den Müll gehören. In der Sinneswerkstatt wird viel Sinnvolles hergestellt – meinen die anderen: Sehenswertes, Klangvolles, Fühlbares, Bewegliches oder Ergreifendes.

Was sinnvoll ist oder nicht – darüber muß sich jeder seine eigene Meinung bilden. In der Sinneswerkstatt darf jedenfalls jeder experimentieren, ausprobieren, erfinden und den Mut nicht verlieren.

An dieser Werkstatt für alle Sinne haben viele Menschen – große und kleine – mitgearbeitet:

Vorwort

Mein Dank gilt den Erzieherinnen und Lehrerinnen, die sich an den Projekten beteiligten. Nicht alle Berichte konnten aufgenommen werden, es gab Überschneidungen, und der Platz war begrenzt.

Die Berichte sind namentlich gekennzeichnet, im Anhang sind noch einmal alle Einrichtungen aufgeführt, die bei dem Vorhaben mitmachten.

Es ist ein reich bebildertes Buch geworden, auch hieran haben viele Erzieherinnen mitgewirkt, indem sie selber fotografierten oder sich in ihrer Arbeit mit den Kindern von uns begleiten ließen.

Dank auch den Kindern, die mit Begeisterung bauten, werkten, sägten, beobachteten oder einfach nur spielten, für die Sinnenreiches auch immer Sinnvolles war, und die nicht nach dem Nutzen und Zweck ihrer „Arbeit" fragten.

Renate Zimmer

1. Einleitung

Der Wochenplan hängt am Schwarzen Brett: Montag Basteln, Dienstag Rhythmik, Mittwoch ist Back- und Donnerstag Turntag, am Freitag schließlich ist Malen dran ... Fast wie in der Schule reihen sich die Angebote für Beschäftigungen aneinander. Meist sind sie von den Erzieherinnen geplant, vorbereitet und im Team abgesprochen. Sie machen den Kindern Spaß – auch wenn sie untereinander keinen erkennbaren Zusammenhang haben und von ihnen selten als Einheit erlebt werden.
Ähnlich verläuft das familiäre Leben der Kinder: Die Hektik unseres Lebensalltages prägt nicht nur das Handeln der Erwachsenen, sondern auch die Beziehung der Kinder zur Welt. In den Medien präsentiert sich ihnen die Welt in kleinen, scheinbar gut verdaulichen Häppchen. Die Sekundenspots der Sesamstraße werden zum Vorbild für alles, was Kindern vorgesetzt werden kann: kurze Sequenzen, schnelle Wechsel der Szenen, keine Zeit zum Nachdenken, zum Verarbeiten. Kaum ist eine Einheit vorbei, beginnt schon wieder die neue.
So wechseln Kinder auch beim Spielen häufig ihre Beschäftigungen, fangen ständig etwas an, bringen nichts zu Ende, hören bei kleinsten Schwierigkeiten auf, lassen sich leicht ablenken. Konzentrationsmangel – ein Zeichen unserer schnellebigen Zeit. Die Fehler der Gesellschaft zeigen sich meist zuerst bei den Kindern!

Der Wandel der Kindheit stellt an den Kindergarten neue Anforderungen: Gelegenheiten zum Selbsttätigsein, zum Erleben der Welt in Zusammenhängen, zum Verfolgen einer Sache von ihrer Entstehung bis zum Abschluß, zum Leben und Lernen mit allen Sinnen – dies sind Erziehungsziele, die zwar nicht völlig neu und umwerfend erscheinen, deren Erfüllung aber nie zuvor wichtiger war als heute.
Einer solchen Zielsetzung entsprechen auch die sogenannten „Projekte" dieses Buches:
Ein meist größeres Vorhaben wird von Erzieherinnen und Kindern gemeinsam geplant. Es ist längerfristig angelegt und erstreckt sich oft

Einleitung

über mehrere Tage oder sogar Wochen. Projekte ermöglichen ein Lernen in Zusammenhängen.

> Lernen, selbständig zu handeln, für sich eine Aufgabe zu entwerfen und sie innerhalb größerer Zeitabschnitte zu bearbeiten, Bezüge zur alltäglichen Lebenswelt herzustellen – das sind pädagogische Leitideen der Projektarbeit.

In diesem Buch stehen die Sinneserfahrungen im Vordergrund der Projektarbeit. *Mit allen Sinnen die Welt erfahren* – dieses Bedürfnis der Kinder aufzugreifen und sich hierbei nicht nur auf einmalige Aktionen und kurzfristige Vorhaben zu beschränken – dies ist ein Anliegen, das viele Erzieherinnen im Kindergartenalltag verspüren. Sie wollen *mehr*, als nur ein fertiges Tast-Puzzle aus dem Regal zu ziehen und die Kinder damit zu vorgegebenen sensorischen Erfahrungen anzuleiten.

Sie wollen gemeinsam mit Kindern Räume gestalten, einen Sinnesgarten anlegen oder versuchen, den Wald als erlebnisreichen Spielraum zu entdecken.

Auch bei der Herstellung einfacher Sinnesmaterialien können die Kinder beteiligt werden: Eine Taststraße im Bewegungsraum bauen, im Waschraum ein Badefest planen und feiern, mit Hammer, Brettern und Nägeln eine Murmelbahn herstellen – dies erfordert gemeinsames Planen und Suchen, Ausprobieren und Experimentieren.

Werkstatt heißt das Vorhaben, weil das Ziel hier weniger ein fertiges Produkt ist, sondern der Prozeß des Machens und Herstellens, die aktive Auseinandersetzung mit der Sache im Vordergrund steht.

Bereits im Entstehungsprozeß werden so intensive Sinneserfahrungen gewonnen.

Der *Werkstattcharakter* kann auch als Hinweis auf die grundsätzlich offene Arbeitsweise gelten, auf die Veränderbarkeit und den Experimentiercharakter, die das Vorhaben kennzeichnen.

Es geht also nicht darum, eine möglichst perfekte Tastwand herzustellen, die die Kinder einmal benutzen und dann achtlos an ihr vorbeigehen – ein Kunstwerk, zu dem sie selbst keine Beziehung haben. Wenn sie am Entstehungsprozeß der Tastwand beteiligt waren, werden sie bereits hier intensiv erfahren haben, wie unterschiedlich sich Wolle, Seide oder Leder anfühlen, welche Gefühle samtiger Stoff im Gegensatz zu einem rauhen hervorruft. Es ist *ihre* Wand, sie kennen jedes Stückchen Stoff und jeden Fetzen Material, vergewissern sich aber immer wieder mit geschlossenen Augen, welche Stelle sie jetzt gerade berührt haben.

Das Erleben mit allen Sinnen zum festen Bestandteil der pädagogischen Konzeption im Kindergarten zu machen, heißt nicht, daß man nun die Einrichtung total umkrempeln und zu einem „Wahrnehmungskindergarten", einem „spielzeugfreien Kindergarten" oder einen „Waldkindergarten" umfunktionieren muß.

Vielleicht inspiriert die im Rahmen der Projektbeschreibungen vorgestellte Idee der „Waldtage" aber die Erzieherinnen, den Ort ihrer pädagogischen Arbeit einmal in die Natur zu verlegen. Nicht nur Spaziergänge in den Wald machen, sondern mehrere Tage im Wald zubringen, um so auch einmal langfristige Spielvorhaben hier zu verwirklichen. Die Idee eines spielzeugfreien Kindergartens verwirklicht sich hier von selbst: Kein Kind wird auf die Idee kommen, in den Wald die Legosteine mitzunehmen.

Wahrnehmungsförderung darf keine einmalige Aktion sein, sie sollte den Kindergartenalltag permanent begleiten. Manchmal bedarf es aber besonderer Akzentsetzungen, um auf die Bedeutung des Themas aufmerksam zu machen und auch die Eltern zur Mitarbeit zu gewinnen, vielleicht sogar die Öffentlichkeit auf die Probleme eines „sinnenarmen" Lebens hinzuweisen.

Das Thema „Sinne" eignet sich besonders gut zur Bearbeitung in Form von Projekten, weil es viele Bereiche der Frühpädagogik berührt (Sprache, Motorik, kognitive Entwicklung etc.) und eine längerfristige Beschäftigung auch der Komplexität und Vielseitigkeit des Themas eher gerecht werden kann.

Ziel dieses Buches ist es, daß in jedem Kindergarten, in jeder Schule und in jedem Hort – wenigstens zeitweise – *Werkstätten für alle Sinne* entstehen. Dazu zählen Vorhaben und Situationen, in denen Kinder mit allen Sinnen experimentieren, ihre Wahrnehmungsfähigkeit neu entdecken, ungewohnte Sichtweisen gewohnter Sachverhalte und Dinge einnehmen, auf ihre Umwelt verändernd einwirken.

Einleitung

Grundlagen zum Verständnis der Funktion der Sinnessysteme und ihrer Bedeutung für die Entwicklung des Kindes und für das gesamte menschliche Leben und Lernen werden in dem von der Autorin dieses Buches herausgegebenen „Handbuch der Sinneswahrnehmung" aufgezeigt. Diese grundsätzlichen Überlegungen und Erkenntnisse sollen hier nicht wieder aufgegriffen werden. Vielmehr sollen in diesem Band konkrete Projekte, Vorhaben und Anlässe beschrieben werden, in denen der Kindergarten oder auch der Hort und die Schule zu einem Erlebnisraum für alle Sinne werden können. Hier sollen Anregungen zum Mitmachen und Impulse für die eigene alltägliche Arbeit gegeben werden.

Alle beschriebenen Projekte sind in der Praxis erprobt, konkret mit Kindern umgesetzt worden. Ziel der Beschreibung ist nicht in erster Linie, zum Nachmachen und Übernehmen aufzufordern, sondern Impulse dafür zu geben, eigene Ideen zu entwickeln, sie auszuprobieren, in die Tat umzusetzen, das Beschriebene und Aufgezeichnete also zu verändern, zu verwerfen, selbst neu zu erleben. So eröffnet sich die Chance, daß Erzieherinnen gemeinsam mit den Kindern auf eine Reise zur Entdeckung der Vielfältigkeit der Wahrnehmung gehen, Gewohntes und Alltägliches „mit anderen Augen" betrachten und gewohntes Verhalten möglicherweise durchbrechen. In der Neu-Entdeckung der Umwelt macht man auch neue Erfahrungen über sich selbst.

Die Projekte stammen – entsprechend der Reihe, in der das Buch erscheint – aus Kindergarten, Hort und Schule. Den größten Raum nimmt dabei der *Kindergarten* ein, da hier das Thema „Sinne" eine besonders große Resonanz gefunden hat und in vielen Einrichtungen sowohl die pädagogische Konzeption als auch die Raumgestaltung beeinflußte. Auch aus dem *Hort* gibt es Beispiele für spannende Projekte, die auf große Resonanz bei den beteiligten Kindern stießen. Darüber hinaus wurde auch ein Projekt aus einer Ausbildungsstätte zukünftiger ErzieherInnen aufgenommen. Auch diese schulische Ebene mit ihren besonderen Möglichkeiten fachübergreifenden Arbeitens lieferte interessante Erkenntnisse über ihre Versuche zur Öffnung nach außen (Zusammenarbeit mit Behinderteneinrichtungen, Besuch von Ausstellungen) und nach innen (Zusammenarbeit verschiedener Fachkollegen, Aufbrechen traditioneller Zeitstrukturen wie Schulstunden oder das selbständige Erarbeiten bestimmter Themen durch die Schülerinnen und Schüler).

Da das Buch in erster Linie für Erzieherinnen und Erzieher geschrieben worden ist, wird diese Zielgruppe im folgenden auch besonders angesprochen. Mit etwas Phantasie und Initiative läßt sich ein Teil der Projekte aber auch von Lehrerinnen und Lehrern in der Grundschule aufgreifen und auf die jeweilige Schulsituation abwandeln.

Durch die hier vorgestellten Projekte und Werkstattideen wird die Neugierde der Kinder herausgefordert, die Lust an der sinnlichen Begegnung mit der Welt unterstützt. Sie sollen ermutigt werden, eigene Fragen zu stellen, Entdeckenswertes zu finden, sich neue Räume zu erschließen.

Ein Projekt ist immer ein spannendes Wagnis – für Kinder und Erwachsene. Es wird nie in der gleichen wie in der beschriebenen Weise ablaufen, sein Ausgang ist abhängig von den räumlichen und materiellen Voraussetzungen der jeweiligen Institutionen, aber auch von den besonderen Bedürfnissen und Interessen der Beteiligten. Aber das macht auch die Spannung seiner Planung und Durchführung aus.

Da die meisten der im Kindergarten tätigen pädagogischen Fachkräfte Frauen sind, wird im folgenden meistens von Erzieherinnen gesprochen. Das Buch wendet sich natürlich ebenso an die (wenigen) männlichen Erzieher.

2. Mit allen Sinnen leben und lernen – Grundlage der pädagogischen Arbeit im Kindergarten

Die Kinder sind anders geworden – diese Beobachtungen machen immer mehr Eltern, Pädagogen, Erzieherinnen und Ärzte. Betroffen ist u. a. ein Bereich der kindlichen Lebenswelt, der für Kinder eine wichtige Grundlage ihrer Persönlichkeitsentwicklung darstellt: ihre Körper- und Bewegungserfahrungen.

Heutige Kindheit ist gekennzeichnet durch den Verlust an unmittelbaren körperlich-sinnlichen Erfahrungsmöglichkeiten, durch eine immer stärker eingeengte Bewegungswelt. Kinder ohne Bewegungsraum haben keine Chance, eine gute Beziehung zu ihrem Körper aufzubauen, sie sind in ihrer Selbst- und in ihrer Wirklichkeitserfahrung gefährdet.

Diese – etwas verkürzt dargestellte, aber an anderen Orten (ZIMMER 1993, 1995) ausführlich begründete – These weist auf den *engen Zusammenhang zwischen den sensorisch-motorischen Fähigkeiten und Erfahrungen und dem Selbsterleben des Kindes* hin.

2.1 Sinneserfahrungen und Selbsterleben

Körper- und Bewegungserfahrungen stellen nicht nur wichtige Medien der Aneignung der Wirklichkeit dar, sie gelten vor allem in den ersten Lebensjahren als Grundlage der Identitätsentwicklung eines Kindes.

Die ersten Erfahrungen über die eigene Existenz macht das Kind über seine Sinnessysteme. „Die ersten entscheidenden Eindrücke zur Differenzierung zwischen dem eigenen Körper als Gegenstand und den übrigen Gegenständen setzen schon sehr früh ein. Von besonderer Bedeutung ist dabei die beginnende Unterscheidung zwischen dem eigenen Körper und den übrigen Gegenständen, die Körperempfindungen hervorrufen (z. B. Schmerz, Kälte, Wärme)" (NEUBAUER 1976, 72). Die Erfahrungen, die das Kind in den ersten Lebenswochen über seine sensorischen Systeme macht, führen zur ersten Stufe in der Entwicklung des

Sinneserfahrungen und Selbsterleben

Selbst, dem „Körper-Selbst". Das Kind lernt seinen Körper, seine Stimme, seine Körpergrenzen und seine Lage im Raum kennen.

Das Körper-Selbst bildet die Basis für das Bewußtsein der eigenen Person. Durch die Wahrnehmung des Körpers ist dem Säugling und dem Kleinkind die Unterscheidung von Ich und Umwelt möglich. *Der Körper ist das Bindeglied zwischen dem Selbst und der Umwelt, er vermittelt zwischen „innen" und „außen".*

Über den Tastsinn nimmt das Kind z. B. passiv mit Hilfe mechanischer Reize (Berührungen) wahr, gleichzeitig findet jedoch auch eine aktive Erkundungswahrnehmung statt. Das Kind wird zum Subjekt und zum Objekt der eigenen Wahrnehmung – zu beobachten ist dies z. B. beim Spiel des Kleinkindes, wenn es taktil den eigenen Körper untersucht, seine Finger betrachtet, mit ihnen spielt. Auch die Berührung einer rauhen Oberfläche vermittelt doppelte Wahrnehmungen: Die Tastkörperchen der Haut werden durch einen Igelball gereizt, gleichzeitig nimmt das Kind über die Haut die stachelige Oberfläche des Balles wahr.

Erfahren der Wirksamkeit der eigenen Handlungen

Eine weitere Quelle, um Rückschlüsse auf seine Person zu ziehen, ist die Wahrnehmung der Wirksamkeit des eigenen Verhaltens und der eigenen Handlungen. Dies gilt sowohl für die Auseinandersetzung mit Dingen und die Lösung konkreter Probleme, als auch für den Umgang mit anderen. Auch dieser Aspekt ist noch eng mit dem Körpererleben des Kindes verbunden.

Wie geschickt es mit einem Spielzeug hantiert, wie es vorgegebene oder selbstgestellte Aufgaben bewältigt – die hier gewonnenen Erfahrungen geben ihm Rückmeldung über seine Fähigkeiten und sein Können.

Gerade in Bewegungshandlungen erleben Kinder, daß sie Ursache bestimmter Effekte sind. Im Umgang mit Dingen, Spielsituationen und Bewegungsaufgaben rufen sie eine Wirkung hervor und führen diese auf sich selbst zurück (z. B. einen hohen Turm aus Klötzen bauen und ihn wieder umwerfen). Das Handlungsergebnis verbinden sie mit der eigenen Anstrengung, dem eigenen Können – und so entsteht ein erstes Konzept eigener Fähigkeiten. Sie lernen im Experimentieren und Ausprobieren: Ich habe etwas geschafft, ich kann es – und dieses Gefühl stellt die Basis für ihr Selbstvertrauen dar (vgl. ZIMMER 1997).

Kindheit heute – eine Welt des Hebel-Ziehens, Knöpfe-Drehens und Tasten-Drückens

Das Kind erschließt sich die Welt über Bewegung, Schritt für Schritt ergreift es von ihr Besitz. Mit Hilfe von motorischen und sensorischen Erfahrungen bildet es Begriffe; im Handeln lernt es Ursachen und Wirkungszusammenhänge kennen und begreifen. Das Sehen und das Hören, insbesondere aber die körpernahen Sinne – der Bewegungssinn, der Gleichgewichtssinn und der Tastsinn – vermitteln dem Kind viele Eindrücke über die Beschaffenheit seiner Umwelt und über sich selbst im Zusammenhang mit ihr.

Um sich mit der Umwelt auseinandersetzen zu können, benötigt das Kind ein intaktes Wahrnehmungssystem, das sich nur über den täglichen Gebrauch aller Sinne herausbilden kann. *Alle* Sinnesorgane brauchen Anregungen, um sich weiterzuentwickeln. Wenn sie nur einseitig gefordert werden, besteht die Gefahr, daß sie in ihrer Funktionsfähigkeit verkümmern.

Bei den meisten Kindern sind heute die Möglichkeiten für eigentätiges und selbstbestimmtes Handeln eher eingeschränkt. Selbst etwas herzustellen, Phantasie und Kreativität zu entwickeln, den eigenen Körper auf die Probe zu stellen, gehört nicht zu den von den Medien und der Konsum- und Spielwarenindustrie gefragten und geförderten Fähigkeiten. Hebel ziehen, Knöpfe drehen, Tasten drücken – auf diese Tätigkeiten und Handlungen scheint sich der Gebrauch des Körpers zu reduzieren.

Auch die Wohn- und Verkehrssituation führt zu einer Begrenzung des Erlebens der eigenen Körperlichkeit und der Sinne. Technik und Motorisierung verdrängen die Kreativität, schränken die Spiel- und Bewegungsmöglichkeiten ein und hindern Kinder an der unmittelbaren Erschließung ihrer Lebens- und Erfahrungsräume.

Auf der anderen Seite sind Kinder heute einer unüberschaubaren Vielzahl von Informationen durch die elektronischen Medien ausgesetzt (Fernsehen, Radio, Kindercomputer), die insbesondere ihre körperfernen Sinne (Sehen, Hören) überfordern.

Aufgrund der mangelnden Verarbeitungsmöglichkeiten der auf Kinder einströmenden Reize und aufgrund der Einschränkung ihrer Handlungs- und Bewegungsmöglichkeiten kommt es in zunehmendem Ausmaß zu Störungen in der Wahrnehmungsverarbeitung und zu Verhaltensauffälligkeiten. Kommunikative Störungen, Ängste, Aggressivität, mangelnde Konzentrationsfähigkeit und Bewegungsunruhe sind Symptome, die immer häufiger auftreten, und die auch auf die sich verändernden Lebensbedingungen von Kindern zurückzuführen sind.

In einer fertigen Welt, die sich den Kindern in Form von immer perfekteren Konsumgütern und vorgefertigten Spielwaren präsentiert, ist es daher besonders wichtig, Kindern Gelegenheiten für selbstbestimmtes Handeln, für Eigenaktivität und für die körperlich-sinnliche Aneignung ihrer Umwelt zu geben.

2.2 Die „pädagogische Konzeption"

In keiner anderen Institution des gesamten Bildungssystems spürt man den Wandel der Lebensbedingungen von Kindern so unmittelbar wie im Kindergarten. Keine andere pädagogische Institution reagiert allerdings auch so flexibel auf die Begleiterscheinungen einer „veränderten Kindheit" wie der Kindergarten. So haben sich in der Elementarerziehung der letzten Jahre gravierende Entwicklungen vollzogen.

Erzieherinnen entwickeln ein neues Selbstbewußtsein hinsichtlich der Bedeutung ihrer Arbeit, die sich auch aus der Überzeugung über die Rolle der ersten Lebensjahre für die Entwicklung der Persönlichkeit ergibt. Viele Einrichtungen erstellen in gemeinsamer Arbeit und in Absprache mit Trägern und Eltern eine eigene „pädagogische Konzeption", in der die Grundlagen ihrer pädagogischen Arbeit im Kindergarten festgehalten sind. Hier werden die Arbeitsschwer-

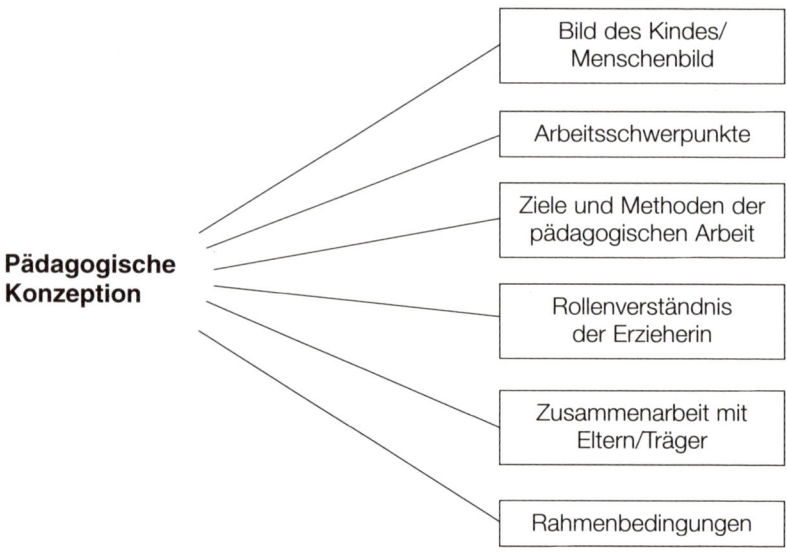

punkte formuliert, Inhalte und Ziele der pädagogischen Arbeit beschrieben, das besondere Profil der Einrichtung vorgestellt. Die pädagogische Konzeption klärt die Zusammenarbeit mit Eltern und dem Träger der Einrichtung, gibt Hinweise auf Kooperationspartner und stellt außerdem die organisatorischen und personellen Rahmenbedingungen vor.

So können interessierte Eltern, die Öffentlichkeit und auch der Träger der Einrichtung einen Einblick gewinnen, wie in der Kindertagesstätte gearbeitet wird, sie erhalten Begründungen für bestimmte Angebote und Aktivitäten und lernen *Grundsätze des pädagogischen Handelns* kennen.

Eine pädagogische Konzeption steht immer auch in Zusammenhang mit den *Rahmenbedingungen* des Kindergartens: Räumliche Voraussetzungen, personelle Situation, Ausstattung und insbesondere die jeweilige Lebenssituation der Kinder – sie prägen die alltägliche Arbeit. Gleichzeitig werden die Rahmenbedingungen aber auch von den pädagogischen Zielvorstellungen der Erzieherinnen beeinflußt (z. B. hinsichtlich der Nutzung der Räume, der Gruppeneinteilung etc.).

Schließlich gibt die pädagogische Konzeption Einblick in das *Rollenverständnis der Erzieherin* und legt vor allem offen, welches *Bild vom Kind* sie hat.

Wird das Kind als hilfsbedürftiges, unfertiges und unselbständiges Wesen, das der Führung und Unterweisung bedarf, gesehen, oder als aktives, neugieriges Individuum, dem Eigenverantwortung und selbständige Entscheidungen zugetraut werden können? Das jeweilige Menschenbild wird das erzieherische Handeln immer beeinflussen und damit auch die alltägliche Gestaltung der Kindergartenarbeit mitbestimmen. Oft ist ein solches Menschenbild nur unterschwellig vorhanden. Ohne sich dessen bewußt zu sein, orientieren sich Erzieherinnen an einem bestimmten Bild, wenn sie Entscheidungen darüber treffen, was sie für die Erziehung der Kinder für richtig und sinnvoll halten. Ob Kinder z. B. eine regelmäßige Tageseinteilung brauchen, ob das Spielen einer ständigen Beaufsichtigung bedarf, wie wichtig eine konstante Gruppe für sie ist und wieviel man ihnen bei Bewegungsspielen zutrauen kann – dies sind Fragen, deren Beantwortung davon abhängig ist, wie wir Erwachsene Kinder wahrnehmen.

Wird *das Kind als selbsttätiges, kreatives Wesen* begriffen, das sich über seinen Körper und seine Sinne die Umwelt aneignet, dann müssen die räumlichen Bedingungen und der organisatorische Rahmen des Kindergartens dies auch zulassen und unterstützen. Auch die Beziehung Erzieherin – Kind wird von diesen Vorannahmen mitbestimmt.

Eine pädagogische Konzeption wird sich immer an den aktuellen Lebensverhältnissen von Kindern orientieren müssen. Sie ist also nicht für alle Zeit endgültig, sondern muß von Zeit zu Zeit auf ihre Gültigkeit überprüft werden. Sie kann auch nicht für jede Einrichtung gleich aussehen, da die Lebensverhältnisse der Kinder nicht überall gleich sind und ebenso die individuelle Biographie der Erzieherinnen in deren Vorstellung von Erziehung eingeht.

Eine Konzeption, die die Lebensverhältnisse von Kindern zum Ausgangspunkt ihres pädagogischen Denkens und Handelns macht, muß ausreichend Raum geben für Bewegungs- und Sinneserfahrungen, für das Erleben der eigenen Körperlichkeit, da gerade dieser Bereich von der zunehmenden Technisierung und Mediatisierung der Lebenswelt besonders betroffen ist. Sie muß Erlebnisse der eigenen Selbstwirksamkeit ermöglichen, aus denen sich Selbstvertrauen und ein positives Selbstwertgefühl entwickeln können.

Anstelle radikaler Forderungen nach einem „spielzeugfreien Kindergarten" als Antwort auf Konsumzwang und Reizüberflutung sollte eher das eigene pädagogische Konzept daraufhin überprüft werden, inwieweit nicht festgefahrene Vorstellungen von Vorschularbeit (sitzende Beschäftigungen mit Bleistift – Papier – Aufgaben), von Ritualen (Stuhlkreis findet auf Stühlen statt) und Ordnungsmustern (für jedes Kind einen eigenen, festgelegten Garderobenhaken) den pädagogischen Alltag bestimmen. Jeder Kindergarten kann ein „Wahrnehmungskindergarten" oder ein „Bewegungskindergarten" sein – ohne sich nun unbedingt auch diese Bezeichnung geben zu müssen. Wichtiger, als dem Kindergarten ein bestimmtes Etikett zu geben, ist es, die Bedeutung von Wahrnehmung und Bewegung als Grundlage kindlichen Handelns in der alltäglichen Arbeit mit Kindern zu berücksichtigen und sich auf ihr Bedürfnis, die Welt mit allen Sinnen zu erfahren, einzustellen.

Im folgenden Abschnitt beschreibt die Leiterin einer Kindertagesstätte die Grundlagen der pädagogischen Konzeption ihrer Einrichtung. Sie wurde gemeinsam mit dem Team der Erzieherinnen erstellt, den Sinneserfahrungen wird hier eine besondere Bedeutung beigemessen.

2.3 Sinneserfahrungen als Grundlage der pädagogischen Konzeption
(Heidemarie Syassen, Kindertagesstätte Oberlohmannshof, Bielefeld)

Mein Menschenbild und mein Verständnis von Leitungstätigkeit in einer städtischen Kindertagesstätte haben mich dazu veranlaßt, mein Engagement besonders auf die Sensibilisierung und Kompetenzförderung pädagogischer Fachkräfte auszurichten. Die Sinnlichkeit zu reaktivieren und zu sensibilisieren, ist die Voraussetzung dafür, Kinder in ihrer Entwicklung begleiten zu können.

Die Forderung innerhalb der Elementarpädagogik, die Selbst-, Sach- und Sozialkompetenz der Kinder zu fördern, bedeutet für den Erwachsenen, *eigene* Kompetenz *neu* zu entdecken, das verschüttete Potential zu suchen, zu erkennen und wahrzunehmen und sowohl im Beruf als auch im privaten Bereich zu realisieren.

Das führt zu Identität und Berufszufriedenheit und ist gleichzeitig Burnout-Prävention.

Die von Loris Malaguzzi entwickelte „Reggio-Pädagogik" geht von einem ganzheitlichen Verhältnis von Erleben und zielgerichtetem Handeln der Kinder aus, von sinnlicher Tätigkeit und kognitiver Aktivität. Dabei muß ein Wechselspiel stattfinden zwischen den bereits gemachten Erfahrungen und der Nutzung vielfältiger Ausdrucksformen.

An dieser Stelle möchte ich ein Gedicht von Loris Malaguzzi (hier in der ursprünglichen Fassung) zitieren:

> Die hundert Sprachen des Kindes
> Die hundert gibt es doch
>
> Das Kind besteht aus hundert Sprachen
> hundert Händen
> hundert Gedanken
> hundert Weisen
> zu denken, zu spielen und zu sprechen

Hundert
immer hundert Arten
zu hören, zu staunen und zu lieben.
Hundert heitere Arten
zu singen, zu begreifen
hundert Welten zu entdecken
hundert Welten frei zu erfinden
hundert Welten zu träumen.

Das Kind hat hundert Sprachen.
Und hundert und hundert und hundert.
Neunundneunzig davon aber
werden ihm gestohlen,
weil Schule und Kultur
ihm den Kopf vom Körper trennen.

Sie sagen ihm:
ohne Hände zu denken,
ohne Kopf zu schaffen
zuzuhören und nicht zu sprechen.
Ohne Heiterkeit zu verstehen,
zu lieben und zu staunen
nur zu Ostern und Weihnachten.

Sie sagen ihm:
die Welt zu entdecken
die schon entdeckt ist.
Neunundneunzig von hundert
wurden ihm gestohlen.

Sie sagen ihm:
Spiel und Arbeit
Wirklichkeit und Phantasie
Wissenschaft und Imagination
Himmel und Erde
Vernunft und Träume
seien Dinge, die nicht zusammen passen.
Sie sagen ihm kurz und bündig,
daß es keine hundert gäbe.

Das Kind aber sagt:
Und ob es die hundert gibt.

Auf der Grundlage wesentlicher Erkenntnisse der Reggio-Pädagogik haben wir unsere Konzeption gestaltet. Dem Sinnesaspekt geben wir dabei eine große Bedeutung:
- „Kinder eignen sich die Welt in einem aktiven Prozeß an." Wenn Lernen eine lustvolle Tätigkeit ist, wenn Kinder Beziehungen zu den Dingen aufnehmen, wenn sie gegenwärtig „etwas davon haben", dann lernen sie *wirklich*!
- „Vielfältige Erfahrungen werden den Kindern durch eine anregungsreiche Gestaltung ihrer Erlebniswelt in der Kita ermöglicht." Sie brauchen diese Impulse, die innerhalb und außerhalb der Einrichtung diese oben genannten Prozesse ermöglichen. So *können* Kinder erst lernen!
- „Kinder werden in ihren unerschöpflichen Ausdrucksmöglichkeiten unterstützt." Der Kreativität kommt dabei eine besondere Bedeutung zu. So lernen Kinder mit *Lust und Freude!*

Das Kind als kompetentes, die eigene Entwicklung vorantreibendes Wesen lernt:
- aus eigenem Antrieb
- mit allen Sinnen
- handelnd, experimentierend
- nach eigenen Strategien
- zugleich mit anderen
- durch Imitation, Versuch und Irrtum
- durch Nutzung und Variation vielfältiger Ausdrucksformen
- verstärkt durch eigenen Erfolg und Rückmeldung anderer.

Kinder lernen, indem sie etwas praktisch tun, in der Bewegung und mit ihren Sinnen. Sie brauchen dabei vor allem Hände und Augen. Sie lernen durch Nachahmung und Übung, durch sinnliches Begreifen. Kinder brauchen dazu die Möglichkeiten des eigenständigen Gestaltens und Ausprobierens. *Eine Pädagogik des entdeckenden und selbständig gestaltenden Lernens bietet dazu die Voraussetzung.* Kinder möchten zunächst alles kennenlernen. Was sie davon gebrauchen, werden sie später, wenn sie etwas ausprobiert haben, entscheiden können.

Mit allen Sinnen leben und lernen

Sinneserfahrungen als Grundlage der pädagogischen Konzeption

Ein Kind kann nur in einer Atmosphäre des *gegenseitigen Vertrauens* und der *Gleichberechtigung* die Welt entdecken, und zwar nicht die Welt, die bereits entdeckt ist, sondern seine *eigene!* Die Erzieherinnen können die Kinder bei ihrem Forschungsprozeß nur begleiten, wenn auch sie in einem wirklichen Team eingebunden sind.

Kinder brauchen Erzieherinnen, die in hohem Maße einfühlsam und konfliktfähig sind, Pädagoginnen, die kommunikativ, offen und persönlich Situationen gestalten, Impulse geben und Kindern Erfahrungen ermöglichen. Dabei geht es nicht um die Frage: „Welche Ziele muß das Kind erreichen?", sondern: „Was will das Kind lernen?", „Wobei kann ich ihm helfen, und wozu muß ich es herausfordern?"

Zur Situationsgestaltung gehört, Kinder mit Situationen des Alltags zu konfrontieren und sich mit den tatsächlichen Bedürfnissen von Kindern auseinanderzusetzen, in denen sie ermutigt werden, ihre Fähigkeiten und Interessen zur Entfaltung zu bringen. Für die Erzieherinnen bedeutet dies erhebliches Umdenken, Sucharbeit, Reflexion und Auseinandersetzung mit sich selbst.

Für die Leitung eines Teams bedeutet das, Steuerungsmodelle zu schaffen, die Entwicklung möglich machen. Die Qualität der pädagogischen Arbeit steht parallel zur Personalentwicklung. Wenn die Leiterin Prozesse in Gang setzt und diese kontinuierlich begleitet, ist eine Veränderung zugunsten qualitativ hochwertigerer Arbeit möglich, die das Innenleben von pädagogischen Tageseinrichtungen verbessert, die Atmosphäre schafft und genußvolles Lernen für alle Beteiligten, für Kinder und Erwachsene, möglich macht.

In Kap. 5 dieses Buches werden zwei Projekte vorgestellt, die einen Ausschnitt aus dem tägliche Leben in unserer Kindertagesstätte beschreiben („Spiegelwerkstatt" und „Kugelbahn"). Wir könnten, wenn es hier nicht zu weit führte, darüber berichten, was neben der Projektarbeit tägliches Kitaleben bereichert.

Das ist das Spiel in Kuschelecken und Bewegungsräumen, in Ruhephasen, durch motorische Geräte, wie Schaukeln, Wippen, Balanceteller, Hängematten, Bewegungsbaustellen in der sogenannten Turnhalle, durch Spiel mit Spiegeln/Spiegelwand und Spiegelzelt, mit Weitwinkelscheiben, Kaleidoskopen sowie Octoskopen, Lupen und Mikroskopen, durch Schüttel- und Farbgläser, Fühlkästen u. v. a. mehr, was zum Staunen und Denken anregt und täglichen „Einsatz" erfährt.

Literaturhinweise

BECKER-TEXTOR, I.: Kindergarten 2010. Freiburg 1994
HERRMANN, G. u. a.: Das Auge schläft, bis es der Geist mit einer Frage weckt. Berlin 1993
KRENZ, A.: Die Konzeption – Grundlage und Visitenkarte einer Kindertagesstätte. Freiburg 1996
KÜHNE, T./REGEL, G. (Hrsg.): Erlebnisorientiertes Lernen im offenen Kindergarten. Hamburg 1996
ZIMMER, R.: Handbuch der Bewegungserziehung. Didaktisch-methodische Grundlagen und Ideen für die Praxis. Freiburg 1993
ZIMMER, R.: Handbuch der Sinneswahrnehmung. Grundlagen einer ganzheitlichen Erziehung. Freiburg 1995
ZIMMER, R.: Zur Bedeutung von Körper- und Bewegungserfahrungen für das Selbstwerden des Kindes. In: Kindergarten heute 27 (1997), 1, S. 6–15

3. Projekte – Lebensnahes Lernen in ganzheitlichen Zusammenhängen

Kinder wollen selber tätig sein, sie wollen etwas bewirken, wollen Spuren ihres Handelns sehen. Sie suchen nach Ursachen und Zusammenhängen und erhalten dabei Unterstützung durch ihre fortwährende Neugierde und ihren Entdeckungsdrang. *Erfahrungen wollen aus erster Hand erworben werden, im eigenen Tun und nicht durch Belehrung von außen.*

Diesen Ansprüchen kommt die Projektarbeit entgegen. Bei einem Projekt werden nicht alle Fragen von vornherein formuliert, viele ergeben sich auch erst im Laufe der Durchführung. Die Erzieherin muß auch nicht alle Antworten kennen, sie begibt sich gemeinsam mit den Kindern auf die Suche: Sie befragen Experten, spüren Quellen auf, finden in Büchern Rat. Vor allem aber versuchen sie, durch *aktives Erproben* und *eigenes Handeln* Lösungen zu finden. In Reflexionsphasen während des Projektes können der bisherige Ablauf überdacht, die nächsten Schritte festgelegt, zusätzliche Vorhaben angegangen, die Planungen neuen Gegebenheiten und unerwarteten Ereignissen angepaßt werden.

3.1 Was ist „Projektarbeit"?

Ein wichtiger Aspekt projektorientierten Arbeitens ist die *Selbsttätigkeit* der Kinder. Hier werden keine vorgefertigten, in vorbereitete Teile zerlegte didaktische Einheiten „abgearbeitet", sondern die Erzieherin sucht gemeinsam mit der beteiligten Gruppe *nach Wegen zur Lösung selbstgestellter Aufgaben.*

Kennzeichnend ist auch der *Werkstattcharakter:* Der Projektverlauf ist nicht von vornherein festgelegt, sondern offen für neue, unerwartete Ereignisse; es gibt keinen „Experten", der über *alles* Bescheid weiß, sondern je nach Fragestellung kann Rat und Unterstützung von außerhalb kommen (z. B. Beteiligung von Eltern, die über bestimmte Kompetenzen verfügen oder einfach nur mitmachen wollen, oder Aufsuchen von Orten oder Institutionen außerhalb des Kindergar-

Projekte – Lebensnahes Lernen in ganzheitlichen Zusammenhängen

tens, an denen man Informationen einholen kann). Aber auch durch eigenes Probieren, Entdecken, miteinander über ein Problem sprechen kann eine Lösung gefunden werden. *So kann auch die Erzieherin sich als Lernende erfahren.*

Durch die Zusammenarbeit von Kindern und Erwachsenen und die Teilung der Aufgaben können auch komplexe Vorhaben bewältigt werden.

Kinder erfahren ihre Tätigkeit unmittelbar als sinnvoll, wenn das Thema aus ihrem Lebensbereich stammt, wenn sie darüber mitentscheiden und gemeinsam nach Wegen der Bearbeitung suchen können.

3.2 Hintergründe der Projektmethode

Das Wort „Projekt" stammt aus dem Lateinischen („projicere") und bedeutet vorauswerfen, entwerfen, planen, sich vornehmen. Die Projektmethode ist keineswegs eine Erfindung der modernen Pädagogik, ihre Wurzeln reichen bis ins 19. Jhd. Insbesondere durch John Dewey, der von 1859 bis 1952 lebte und an der Universität Chicago lehrte, wurde die Projektmethode zu einem Reformkonzept der Pädagogik. Dewey vertrat die Auffassung, daß Erziehung und Bildung an der Lebenspraxis orientiert sein müßten und insbesondere auf Selbständigkeit und demokratisches Leben in der Gesellschaft vorbereiten sollten. Kinder sollten daher in einem möglichst realen Zusammenhang sinnvolle Aufgaben und Probleme lösen und dabei möglichst viel praktisch tun. „Lernen durch Tun" (Learning by Doing) war seine Devise. Auch in der Reformpädagogik (z. B. in der Arbeitsschulbewegung) waren Selbsttätigkeit und Selbstorganisation des Lernens wichtige pädagogische Prinzipien, die im Rahmen von Projekten am ehesten eine Realisierungschance zu haben schienen. Die Projektmethode gilt für FREY (1982, 11) als eine „lernende Betätigung, die bildend wirkt".

Im Projekt wird ein *aktives Gewinnen von Erfahrungen* betont. Im Vordergrund steht das Ausprobieren, das Experimentieren, die handelnde Auseinandersetzung (im Gegensatz zum passiven Konsumieren von Ereignissen, wie es z. B. bei der Gewinnung von Informationen durch das Fernsehen [auch durch Kinderfernsehsendungen] der Fall ist). Hier werden Kindern keine Erfahrungen vermittelt, sondern sie gewinnen sie im eigenen – wenn auch pädagogisch angeleiteten – Tun durch gezieltes Erkunden und Erproben.

Damit befindet sich ein Projekt zwischen den Polen selbstbestimmten Handelns und der von außen kommenden Anregung zu neuen Erfahrungen.

Selbstbestimmtes Handeln	———	**Projekt**	———	Anregung zu neuen Erfahrungen

3.3 Merkmale von Projekten

> Ein Projekt ist ein konkretes, zeitlich und räumlich abgrenzbares Vorhaben, in dem ein Problem unter der aktiven Beteiligung der Kinder bearbeitet wird. Ein Problem wird gemeinsam in handelnder Auseinandersetzung mit der Wirklichkeit zu lösen versucht. Hierzu wird ein Plan entworfen und nach der Durchführung eine gemeinsame Auswertung durch die Beteiligten vorgenommen. Sowohl die Kinder als auch die Erzieherinnen sind aktiv am Lernprozeß beteiligt.

DEWEY betont die Notwendigkeit der Planung und Organisation des Lernprozesses. Die Planung erfolgt dabei nicht nur mit den Kindern selbst, sondern muß auch als vorausgehende Planung von den Erzieherinnen verantwortet werden. Die Planung muß aber so flexibel sein, daß noch genügend Spielraum vorhanden ist für spontane Veränderungen, neue Schwerpunktsetzungen, individuelle Lösungen und Situationsbezug.

Die Auswahl der Inhalte kann sich nicht ausschließlich an den Interessen der Kinder orientieren, vielmehr muß auch die gegenwärtige Situation der Kinder, Wichtiges für ihr Selbständigwerden beachtet werden.

Projektorientiertes Arbeiten (oder die Projektmethode) ist eine besondere Form der pädagogischen Tätigkeit, die zwar in fast allen pädagogischen Konzepten Anwendung findet, am ehesten jedoch ihren Platz in einem situationsbezogenen offenen Konzept hat.

Folgende Merkmale kennzeichnen ein Projekt:

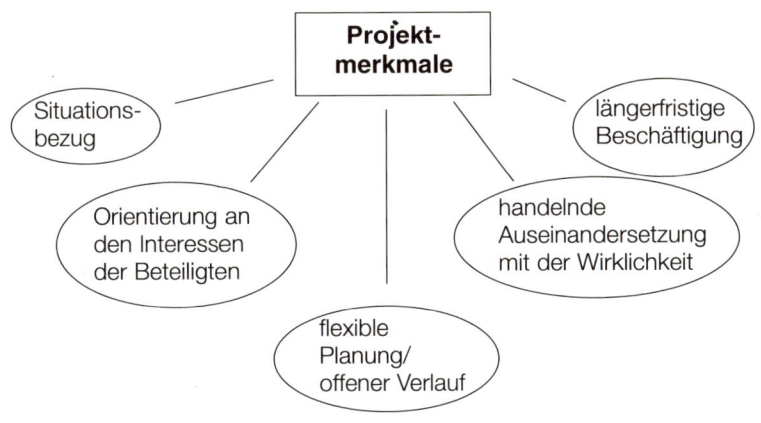

3.4 Anlässe für ein Projekt

Der Anstoß für die Durchführung eines Projektes und die Auswahl des Themas kann von unterschiedlichen Situationen ausgehen (vgl. auch TEXTOR 1995, S. 30ff.):
- Manche Projekte entstehen spontan aus einem bestimmten Ereignis heraus. So kann das Gastspiel eines Zirkusses im Dorf oder in der Stadt das Interesse der Kinder an artistischen Fertigkeiten wecken und dazu führen, daß sie beim täglichen Üben und Ausprobieren von „Raubtiernummern" und Balanceakten den Wunsch haben, selbst eine Zirkusaufführung (für die anderen Kinder im Kindergarten oder sogar für die Eltern) zu planen. Ein solches Zirkusprojekt entwickelt sich zwar aus einem situativen Anlaß, hat aber langfristige Schwerpunkte der Kindergartenarbeit zur Folge.
- Andere Projekte entwickeln sich aus einem Wunsch oder einer Idee der Kinder, der Eltern, der Erzieherin. Der Spielplatz soll umgestaltet, ein Gartenbeet angelegt werden. Könnte man nicht daraus ein Projekt machen, etwas, woran Kinder, Erwachsene, Laien und Experten gemeinsam planen und arbeiten könnten?
- Eine dritte Möglichkeit zur Projektinitiative kann von den Erzieherinnen selbst ausgehen. Sie haben sich im Team über ein Thema besondere Gedanken gemacht, halten es für ihre Einrichtung und die von ihnen betreuten Kinder für wichtig und sind selbst von einer

Idee begeistert. Sie wollen z. B. einen Sinnesraum einrichten, die Spielgewohnheiten der Kinder unter die Lupe nehmen oder ein Projekt beispielsweise zum Thema „Ernährung" durchführen.

Im Kindergarten wird die Initiative für die Durchführung eines Projektes in den meisten Fällen von den Erzieherinnen ausgehen; die Entscheidung für die Umsetzung eines spontan aufgetretenen Problems oder eines für wichtig erachteten Themas in ein längerfristiges Vorhaben wird hier in erster Linie von ihnen getroffen. Daher ist es besonders wichtig, sich von vornherein mit den Kindern über ein etwaiges Projektthema zu verständigen. Nur dann können auch deren Interessen ausreichend berücksichtigt werden, und nur so ist erkennbar, ob den Kindern das ausgewählte Thema überhaupt sinnvoll erscheint und welche Beziehung sie dazu haben. Manchmal gilt es zunächst einmal, die Motivation der Kinder für ein Thema zu wecken, sie für eine Sache zu begeistern. Allerdings muß die Erzieherin auch bereit sein, einen Projektplan wieder aufzugeben, wenn die Kinder kein Interesse daran zu haben scheinen.

So können die Kinder von Beginn an in Entscheidungen einbezogen werden, sie beraten über Gestaltung und Vorgehensweisen so weit wie möglich mit und bringen eigene Ideen und Interessen ein. Wenn verschiedene Standpunkte vertreten werden, lernen sie, sich gegenseitig zuzuhören, die Perspektive eines anderen wahrzunehmen, gegenteilige Meinungen zu respektieren. Sie müssen sich absprechen, sich einigen, sich durchsetzen oder nachgeben. Das alles wird nicht ohne Konflikte ablaufen, wird Zeit brauchen und auch der Unterstützung durch die Erzieherin bedürfen. Im Rahmen eines Projektes sollte aber für diese wichtigen Voraussetzungen eines jeden Zusammenlebens genügend Zeit gelassen werden.

Der Prozeß des Projektverlaufs mit seinen verschiedenen Entscheidungsphasen ist deshalb auch wichtiger als das Produkt, das am Ende herauskommen kann oder soll.

Kinder sind neugierig, sie wollen selbst die Probleme lösen, die ihnen begegnen, selbst etwas tun. Sie sind aktiv und haben keine Ruhe, bis sie ein Problem gelöst haben. Dies sind günstige Bedingungen für selbständiges Handeln, für die Übernahme von Themen und Aufgaben, die selbständig gelöst werden können.

3.5 „Fahrplan" für die Durchführung eines Projektes:

1. Auswahl eines Themas, das für Kinder ein interessantes, greifbares, neugierig machendes Problem darstellt;
2. Plan für die Auseinandersetzung mit dem Problem erstellen, Schritte der Bearbeitung festlegen;
3. Beteiligte benennen, Öffnung zu anderen Orten, Institutionen, Personen überprüfen.

Für die Auswahl der Themen/Situationen ist es hilfreich, eine Analyse der Lebenssituation der Kinder, ihrer Lebens- und Spielräume, in denen sie aufwachsen, vorzunehmen. Zwar ist der Interessenbezug des Problems eines der Kriterien für die Projektarbeit, oft entsteht das Interesse aber auch erst im Laufe der Projektdurchführung.

Bezogen auf die pädagogische Arbeit im Kindergarten kann dies heißen: Kinder und Erzieherinnen
– greifen ein Thema, ein Ereignis, ein Erlebnis, eine Situation oder ein Problem auf;
– verständigen sich über die Vorgehensweise, sammeln Ideen, wie das Problem bearbeitet werden könnte, was daran besonders interessiert;
– setzen gemeinsam Arbeitsziele: Was soll bei dem Vorhaben herauskommen, was soll konkret an Kenntnissen gewonnen, welche Erfahrungen erworben, welche Veränderungen bewirkt werden?
– suchen Orte und Institutionen auf, an denen und durch die sie mehr über das zu lösende Problem erfahren können (auch außerhalb des Kindergartens);
– verständigen sich mit Menschen, die sie beraten oder die ihnen Informationen liefern können.

Ist die Entscheidung für die Durchführung eines Projektes gefallen, steht am Anfang das Erstellen einer Projektskizze, in der Ziele, Ideen, Themenschwerpunkte (Überlegungen für den konkreten Verlauf) beschrieben werden. Die Erzieherin muß dafür Sorge tragen, daß die Kinder angemessene Aufgaben übernehmen, die sie nicht überfordern.

Die in einem Projekt gemachten Erfahrungen sind besonders nachhaltig, wenn abschließend Erzieherinnen und Kinder über die Dinge sprechen, die sie erlebt haben. Damit wird den Kindern bewußter, was sie erlebt haben. Ihre Erfahrungen werden geordnet und sind damit für sie selbst auch besser in ihr bisheriges Wissen einzuordnen.

3.6 Auswertung und Evaluation

Die Projektmethode zielt immer auf die Veränderung der Wirklichkeit. Daher sollte nach Beendigung des Vorhabens durchaus über folgende Fragen nachgedacht werden:
- Wurde durch das Projekt etwas verändert, hat es sich (auch auf kleinste) Lebensbereiche der Kinder ausgewirkt?
- Was wurde bewirkt, verändert?
- Gab es Anlaß für umfassendere Änderungen im individuellen Lebensumfeld der Kinder (in ihrer häuslichen Situation, z. B. bei den Fernseh- oder Ernährungsgewohnheiten der Familie)?
- Gab es Änderungen im alltäglichen Leben im Kindergarten (Räume, Außenspielgelände)?
- Gab es Anlaß für Veränderungen bei Kindern, Eltern, Erzieherinnen (Einstellung, Erkenntnisse)?
- Welche Folgen hat das Projekt?
- Gibt es innerhalb des Kindergartens neue Impulse?

Die Folgen können nicht nur an räumlichen Veränderungen oder an hergestellten Produkten (Wahrnehmungsraum, Tastgeländer) erkennbar sein, sondern auch in den Erfahrungen und Erkenntnissen der beteiligten Personen, an ihren veränderten Einstellungen.

Auswertung und Evaluation

Zusammenfassend kann ein Projekt folgende Schritte und Etappen durchlaufen:

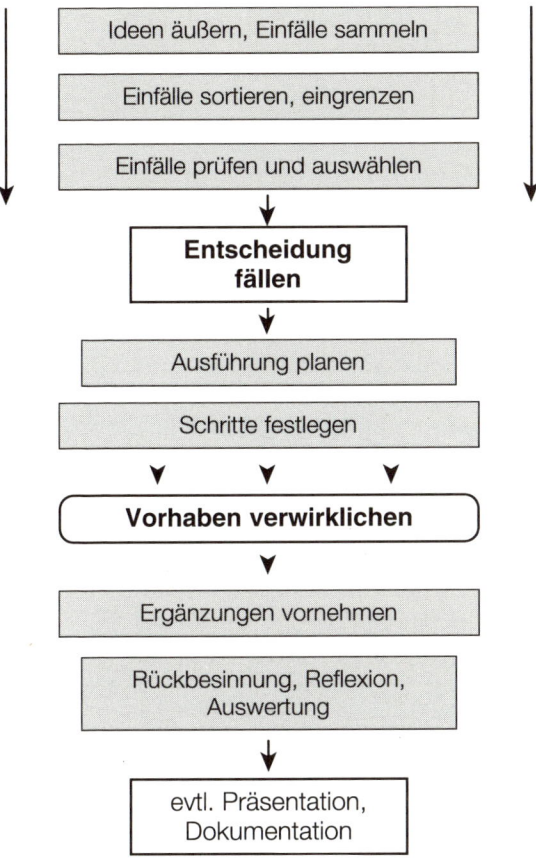

3.7 Dokumentation und Präsentation der Projektergebnisse und des Projektverlaufs

Den Abschluß eines Projektes kann eine Fotoausstellung, eine Filmvorführung oder die Präsentation der gemeinsam erstellten Produkte bilden. Die Dokumentation kann auf Schwerpunkte der Kindergartenarbeit hinweisen, kann verdeutlichen, wie Kinder, Erzieherinnen, Eltern gemeinsam arbeiteten, feierten, aßen, tanzten ... So können die Öffentlichkeit, der Träger der Einrichtung oder Eltern, die für ihr Kind noch einen passenden Kindergarten suchen, auf die pädagogische Konzeption und die Art des Arbeitens aufmerksam gemacht und informiert werden.

Sofern das Projekt mit der Erstellung eines Produktes verbunden ist (Wahrnehmungsmaterialien, Veränderung der räumlichen Situation etc.), kann dieses bei einem Tag der offenen Tür vorgestellt oder bei einem Sommerfest präsentiert werden.

Das Ziel eines Projektes ist jedoch nicht, ein fertiges Produkt zu erhalten, sondern der Weg dahin, ein solches zu erstellen. Dies kennzeichnet den Werkstattcharakter: Im eigenen aktiven Tun liegt das Ziel, nicht in der Erstellung eines Produktes. Wichtig ist auch, welche Erfahrungen im Verlauf eines Projektes gewonnen werden.

Diese Überlegung darf während eines Projektes nicht verlorengehen, vor allem wenn das fertige Produkt der Öffentlichkeit präsentiert, den Eltern vorgestellt oder einer benachbarten Einrichtung gezeigt werden soll.

An den Produkten allein kann man also nicht erkennen, wie sie zustande gekommen sind. Oft ist der Grad ihrer Perfektion ja geradezu ein Hinweis auf die geringe Beteiligung der Kinder. Es dürfen also durchaus Spuren kindlicher Tätigkeit erkennbar sein, sie sind nicht als Qualitätsmangel, sondern als Beweis für die intensive Eigenaktivität der Kinder zu bewerten.

Daher sollten bei der Dokumentation eines Projektes nicht nur die fertigen Produkte eine Würdigung erfahren, sondern am besten sollte auch der *Prozeß ihrer Entstehung* festgehalten werden: Auf Fotos sind die Kinder in Aktion zu sehen, Halbfertiges zeigt die Schritte der Bearbeitung, bei einem Elternabend wird ein während des Projektes gedrehter Videofilm gezeigt. Fragen, Äußerungen, Kommentare der Kinder werden von den Erzieherinnen aufgeschrieben und Aus-

schnitte daraus gemeinsam mit den Fotos präsentiert oder in einer Projektzeitung zusammengefaßt.
Die Präsentation eines abgeschlossenen Projektes sollte an einem zentralen Ort der Einrichtung erfolgen. So können z. B. im Eingangsbereich Stellwände errichtet werden (evtl. auszuleihen bei Sparkassen oder Erwachsenenbildungseinrichtungen), an die Fotos und Äußerungen der Kinder geheftet und die Spuren der gemeinsamen Arbeit auf diese Weise ausgestellt werden.
Eine Bildergalerie an einer passenden Wand kann zum Blickfang beim Betreten des Kindergartens werden. Lieber weniger, dafür aber stark vergrößerte Aufnahmen aufhängen. Kleine Postergrößen sind eindrucksvoller als viele kleine Einzelfotos, auf denen die Aktivitäten der Kinder nur bei genauerem Hinsehen erkennbar sind.

Projekte enden also selten ohne Abschlußdokumentation, zumindest die Kinder sollten anhand der Aufzeichnungen den gemeinsam gegangenen Weg verfolgen können, um sich der gewonnenen Erfahrungen noch einmal bewußt zu werden.

3.8 Projekte als wesentlicher Bestandteil einer pädagogischen Konzeption der Kindertagesstätte

Projekte haben in verschiedenen pädagogischen Konzeptionen einen unterschiedlichen Stellenwert. Offene Kindergartenarbeit und situationsorientierte Ansätze werden zwar häufiger mit dieser Form der längerfristigen Auseinandersetzung mit einem Thema in Verbindung gebracht, grundsätzlich können Projekte aber überall dort aufgenommen werden, wo der Prozeß selbsttätigen Bearbeitens eines Problems gemeinsam mit den Kindern im Vordergrund der pädagogischen Arbeit steht. Ob die Vorhaben nun gruppenspezifisch oder gruppenübergreifend durchgeführt werden, ist eigentlich zweitrangig.
Günstig sind die Voraussetzungen allerdings, wenn durch einen gewissen Grad an Offenheit Kontakte zu anderen Institutionen gepflegt wurden, Kooperationen mit Personen und Einrichtungen bestehen und auf intensive Elternarbeit zurückgegriffen werden kann.
Auch zeitliche und räumliche Flexibilität erleichtert die Planungen. Das Prinzip der Freiwilligkeit ist z. B. nur dann einzuhalten, wenn die Kinder sich entscheiden können, ob sie an einem Projekt teilnehmen

wollen oder nicht. Im Rahmen offener Kindergartenarbeit sind Projekte wie die im folgenden beschriebenen daher auch leichter durchzuführen, als wenn es die Organisation der Einrichtung erforderlich macht, daß eine Gruppe nur geschlossen an einem Projekt teilnehmen kann, weil es sonst zu räumlichen und personellen Engpässen kommt.

Prinzipiell ist aber der Erfolg eher abhängig von dem Vertrauen, das Erzieherinnen zu den Kindern haben, wie sie deren Motivation wecken, ihre Neugierde und Aktivität herausfordern, sie für eine Idee begeistern und wie flexibel sie auf besondere Wünsche und Bedürfnisse der Kinder eingehen und mit ihnen gemeinsam ein Problem lösen wollen.

Die Erzieherinnen der Tageseinrichtung für Kinder, Oberlohmannshof, in Bielefeld beschreiben die Entstehung und den Verlauf ihrer Projekte folgendermaßen:

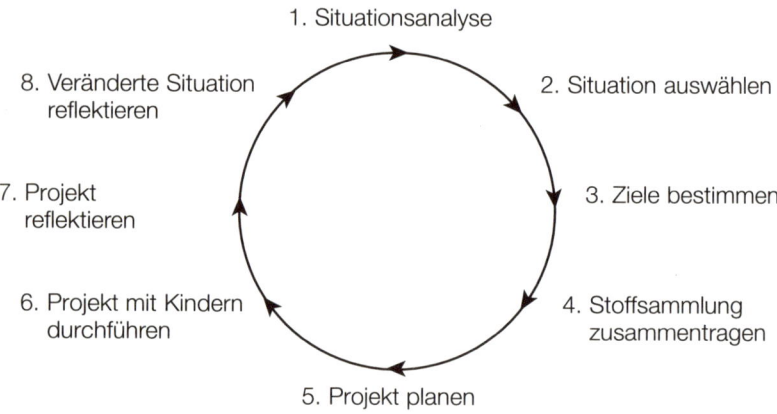

1. Situationsanalyse
Wie sind die Voraussetzungen in der Einrichtung, wie ist die Lebenssituation der Kinder? Durch intensive Beobachtungen der Kinder, Gespräche mit den Eltern wird eine Situationsanalyse vorgenommen.

2. Situation auswählen
Nach den Beobachtungen werden Situationen ausgewählt, die für die Kinder besonders aktuell oder von besonderem Interesse sind, die ih-

ren Erfahrungshorizont erweitern oder den Bedürfnissen von besonders vielen Kindern entsprechen.

3. Ziele bestimmen

Hierzu gehört die Frage: Was können, wollen und sollen die Kinder lernen, erfahren, sich bewußt machen? Wollen und können sie sich mit Gefühlen auseinandersetzen, ihren Bewegungsdrang befriedigen?

4. Stoffsammlung/Themenfindung

Das Thema des Projektes muß sich dazu eignen, die unterschiedlichen Entwicklungsstufen und Fähigkeiten der Kinder miteinzubeziehen. Es muß sich dazu eignen, den Erfahrungs- und Erlebnishorizont der Kinder zu erweitern und ihnen Hilfen zur Verarbeitung ihrer Erlebnisse zu geben.

5. Projekt planen

Nach der Stoffsammlung wird das Projekt *gemeinsam* mit den Kindern geplant:
- Was gehört alles zu dem Thema?
- Welche Probleme, Erfahrungen oder Fragen haben die Kinder zum Thema?
- Welche Aspekte des Themas halte ich für die Entwicklung des Kindes für besonders wichtig?

6. Projekt mit Kindern durchführen

Einstieg: Situationen aufgreifen oder schaffen oder nutzen.
Durchführung: Alle Bereiche der kindlichen Persönlichkeit vielseitig ansprechen – emotional, kognitiv, kreativ, motorisch.
Nicht alle Kinder müssen zur gleichen Zeit mit den gleichen Dingen das gleiche tun!
Es muß nicht jeden Tag an diesem Projekt gearbeitet werden.
Abschluß: Ein Projekt kann beendet werden, wenn ein Thema die Kinder nicht mehr interessiert oder ein anderes Thema wichtiger wird.

7. Projekt reflektieren

Nach Abschluß des Projektes stellen sich alle Beteiligten
a) mit den Kindern
b) für sich
die Frage:

- Haben wir erreicht, was wir wollten?
- Was hat den Kindern besonders viel Spaß gemacht?
- Welche positiven Erfahrungen sollten aufgegriffen und erweitert werden?
- Wie kann es weitergehen?

8. Veränderte Situation reflektieren

Jedes Projekt bewirkt Veränderungen der Situation innerhalb der Gruppe und beim einzelnen Kind. Bei der Planung des nächsten Projektes muß von der neuen Situation ausgegangen werden.

Die im folgenden beschriebenen Projekte schildern
- den *Entstehungszusammenhang* (wie kam es zu dem Projekt, was war der Anlaß für seine Durchführung?);
- die *Vorbereitung* (was wird an Material, Informationen, Voraussetzungen benötigt?);
- den *Verlauf* (innerhalb welcher Zeitspanne wurde das Projekt durchgeführt, wie verliefen die einzelnen „Schritte"?);
- die *Reflexion* und Auswertung (wo gab es Schwierigkeiten, Pannen, wie war die Beteiligung der Eltern, und worin lagen die besonderen Erfahrungen der Kinder, gab es „Nachwirkungen"?)
- und die eventuelle Dokumentation.

Die Projektbeschreibungen sind nicht nach einem einheitlichen Schema aufgebaut, sondern greifen in der Darstellung unterschiedliche Schwerpunkte heraus.

Von einigen Projekten liegen Erfahrungsberichte von Erzieherinnen vor. Hier werden nicht nur konkrete Anlässe für die Entstehung des Vorhabens und die Schritte seiner Durchführung beschrieben, wichtig sind insbesondere die jeweiligen Erfahrungen, die die Erzieherinnen machten.

Vielleicht ergibt sich aus den in den folgenden Kapiteln beschriebenen Projekten eine zündende Idee, eine Anregung, ähnliches auch in der eigenen Einrichtung auszuprobieren.

Nicht alle Vorhaben und Initiativen, über die berichtet wird, sind als umfassende Projekte geplant und durchgeführt worden. Manchmal waren es auch nur kleinere, kurzfristigere Unternehmungen und Aktionen zum Thema „Sinne", die aber dennoch kreative Ideen enthalten. Sie werden in einem eigenen Kapitel unter dem Begriff „Werkstattideen" zusammengestellt.

Eine kurze Literaturübersicht am Ende eines jeden Kapitels soll Hinweise geben, wo man sich weitere Informationen, Ideen und Tips holen kann und an welcher Stelle bereits ein ähnliches Thema dokumentiert worden ist.

Literaturhinweise

GUDJONS, H,: Handlungsorientiert lehren und lernen. Bad Heilbronn 1991
KÜHNE, T./REGEL, G.(Hrsg.): Erlebnisorientiertes Lernen im offenen Kindergarten. Hamburg 1996
TEXTOR, M.: Projektarbeit im Kindergarten. Freiburg 1995
HÄNSEL, D. (Hrsg.): Das Projektbuch Grundschule. Weinheim 1992

4. Beispiele für Projekte: Sinnes(t)räume – im Kindergarten und in der freien Natur

Der Alltag im Kindergarten findet vorwiegend in Räumen statt. Die Räume wirken sich auf das Verhalten der Kinder, auf ihr Empfinden, ihr soziales Miteinander, ihr Bewegungsverhalten, ihre Kreativität und ihre allgemeinen Handlungsmöglichkeiten aus. Räume sind also nicht einfach austauschbare, nach Quadratmetern berechenbare Flächen; *sie stellen Schutz, aber auch Herausforderung, Hülle, aber auch Erlebnisorte* dar. Auch Räume können erziehende Funktionen haben (und dabei sowohl die Entwicklung fördern als auch hemmen).

Kinder brauchen Räume,
- in denen sie sich geborgen fühlen;
- in denen sie spielen können;
- in denen sie anderen begegnen;
- die sie verändern und gestalten können;
- in denen es etwas zu entdecken gibt;
- in denen sie sich bewegen können;
- in denen sie Ruhe finden;
- in denen sie ihre Sinne entfalten können.

Kinder sollten die Kindergartenräume nicht als fertig und unveränderbar erleben, von Erwachsenen perfektioniert und vorbestimmt. Vielmehr sollte die Gestaltung der Flächen so flexibel sein, daß sie noch Möglichkeiten zur eigenen Umgestaltung finden.

Nur durch eine auch von ihnen selbst zu gestaltende Umgebung können Kinder lernen, daß ihre Umwelt veränderbar ist, daß sie selber auf sie einwirken können.

Im sozialen Wohnungsbau ist ein Kinderzimmer für ein Kind mit 9 qm berechnet, für zwei Kinder sind es 13 qm. In den meisten Wohnungen können Kinder also ihre elementaren Bedürfnisse nach Spiel und Bewegung nicht befriedigen. Stets müssen sie sich vorsehen, nicht zu laut, nicht zu wild zu sein, immer „ecken" sie an. Kindertagesstätten sind für viele Kinder – vor allem für diejenigen, die in Großstädten aufwachsen und in Ballungsgebieten leben – der Ort, der ihnen genügend Platz für großräumige Spiele, auch für Bewegungsspiele, gibt (geben sollte!), der ihrem Bedürfnis nach Eigentätigkeit entgegenkommt.

Räume *im* Kindergarten – wie großzügig sie auch bemessen sind – werden immer eine Einschränkung der Bewegungsfreiheit und der Erfahrungsmöglichkeiten nach sich ziehen. Daher müssen neben den Innenräumen einer Kindertagesstätte insbesondere auch die Außenanlagen als Spiel- und Erlebnisräume genutzt werden.

Zu den Außenanlagen im engeren Sinne zählt das Außenspielgelände, im weiteren Sinne sind jedoch auch alle erreichbaren und bespielbaren Orte außerhalb des Kindergartenbereichs gemeint: Spielplätze, brachliegende Grundstücke, Wiesen und der Wald.

Sinneserfahrungen können Kinder in den Innen- und Außenräumen machen – Räume können zu Sinnesräumen werden; Projekte zu diesem Thema werden im folgenden Kapitel vorgestellt.

4.1 Raumgestaltung und Sinne

Räume können Sinneserfahrungen unterstützen und behindern. Eine anregungsreiche Umgebung fordert die Sinne zu vielfältigen Erlebnissen heraus, Monotonie und Einseitigkeit lassen sie abstumpfen.
Um alle Sinne anzusprechen, sollten Räume für Kinder:
- Ecken, Nischen und Höhlen haben, in die sie sich zurückziehen können;
- unterschiedliche Ebenen haben, damit die Dreidimensionalität des Raumes erfahren werden kann;
- verschiebbare Elemente besitzen (Raumteiler etc.), die die Kinder selbst umstellen und zu neuen, kleineren Raumeinheiten kombinieren können;
- multifunktional eingerichtet sein, also Tische besitzen, an denen gegessen und gemalt, auf denen aber auch geklettert werden kann oder die als Höhle genutzt werden können;
- variable großflächige Elemente aufweisen, mit denen die Kinder bauen und gestalten können (z. B. große Schaumstoffblöcke, -elemente, -kissen, mit denen man Buden bauen und auf denen man springen und sich wälzen kann);

– große Wandtafeln zum Malen und Schreiben haben, auf denen die Kinder auch großflächige Kunstwerke produzieren können.

Kleine Teppiche oder Isoliermatten können von den Kindern nach Belieben irgendwo im Raum ausgerollt werden (z. B. in der Garderobe, wenn der Boden dort zum Spielen zu kalt oder nicht gemütlich genug ist), um neue Spielflächen zu erschließen. So lassen sich auch vorhandene Ecken zum Bauen oder für andere gemeinsame Aktivitäten vergrößern, wenn viele Kinder sich daran beteiligen wollen.

Eine solche *flexible Raumaufteilung* ermöglicht den Kindern, selbst an der Gestaltung der Räumlichkeiten mitzuwirken, Spielbereiche abzutrennen oder zu vergrößern und sie *aktuellen Spielinteressen* anzupassen.

Räume für Kinder sollten Möglichkeiten zum Betasten, Beriechen, Erkunden und Gestalten enthalten, Ecken, an denen Kinder handwerklich tätig sein und ihre körperlich-motorischen Fähigkeiten erproben und üben können.

Diese Vorschläge beziehen sich keineswegs nur auf den Gruppenraum. Flur, Eingangshalle, Garderobenecken sind ebenfalls Spielräume, die – bei entsprechender Gestaltung – die Bewegungs- und Sinneserfahrungen der Kinder erleichtern – und zudem den Geräuschpegel im Gruppenraum erheblich senken können.

Auch *Naßräume* sollten nicht nur sanitären und Waschzwecken dienen, sondern zum Matschen, Manschen und Planschen genutzt werden dürfen. Das Spiel mit Wasser und Farben, das Duschen und Einseifen sind sinnliche Erlebnisse, die nicht allein unter den Zweck der Reinigung gestellt werden sollten.

Auch hier kann der Kindergarten Erfahrungsräume eröffnen, die für viele Kinder einmalige Erlebnisse mit sich bringen.

Diese Ideen werden in folgenden Projekten umgesetzt.

Räume und Sinne – das sind die zentralen Themen, die bei der Umgestaltung, der erweiterten Nutzung und der sinnlichen Einrichtung der Räume des Kindergartens im Vordergrund stehen.

Statt Garderoben – Nischen zum Ruhen und Orte zum Toben

4.2 Statt Garderoben – Nischen zum Ruhen und Orte zum Toben

„So viel Platz für die Mäntel, die doch den ganzen Tag nur rumhängen, tun nichts und hängen nur rum, an einer Stelle." Dieser Ausspruch eines Kindes gab den Anstoß zum Nach- und dann zum Umdenken: Wie konnte mehr Spiel-, Bewegungs-, Ruheraum in das beengte Kindergartengebäude gebracht werden?

Im folgenden wird von einem Projekt berichtet, bei dem die Garderoben, die einen Vorraum vor jedem Gruppenraum bilden, umfunktioniert wurden.

Vorausgegangen waren Ereignisse, die eine Ausweitung der Flächen für bewegungsintensive Spiele erforderlich machten: Im Gruppenraum einer Gruppe hatte es eine Ecke mit Matratzen gegeben, mit denen die Kinder Buden bauten, die sie aber auch zum Springen und Toben nutzten. Die Aufforderungen der Erzieherin, ein bißchen leiser zu sein, halfen nicht viel. Im Eifer des Spiels vergaßen die Kinder die Ermahnungen immer wieder. Da packte die Erzieherin kurzerhand die Matratzen und brachte sie vor die Tür des Gruppenraums. Mit den Matratzen verließen die Kinder den Raum und bauten in der Garderobe weiter. Die große Nische war hervorragend geeignet, da die Matratzen nun von drei Seiten Halt hatten und die Seitenteile der Buden besser stehen blieben. Als am Mittag die Matratzen wieder aufgeräumt werden sollten, meinte eines der Kinder:

„Für die blöden Jacken ist Platz genug, aber nicht für uns. Warum können wir nicht immer hier spielen, da stören wir doch niemanden."

Und von einem zweiten Kind kam die oben bereits erwähnte Meinung.

Das war der Stein, der die „Umbaumaßnahmen" ins Rollen brachte. Im Team wurde man sich schnell darüber einig, daß nicht nur diese eine Garderobe, sondern auch die Nischen vor den anderen beiden Gruppenräumen viel zu schade seien für Mäntel und Brottaschen. Die Enge der Räume hatten die Kolleginnen häufig schon moniert, das Fehlen von Ausweichflächen für besondere Aktivitäten außerhalb der Gruppenräume beklagt.

Nun wurden Ideen gesammelt, was man mit den Garderobennischen anfangen könnte. Auch die Kinder wurden beteiligt. Es gab viele Vorschläge: Tobeecke, Bauteppich, Kletterwand etc.

Die Umgestaltung sollte nicht endgültig sein – für den Fall, daß es doch noch einmal zu einer anderen Einstellung bei Erzieherinnen und Kindern kommen sollte. Also wurden die Wände mit dünnen Schaumstoffmatten abgedeckt, um die Garderobenhaken zu „entschärfen", so daß keine Verletzungsgefahr mehr bestand. Auf den Boden kam ein dicker Teppich, der Schall schluckte und damit den Lärm bei den bewegungsintensiven Spielen etwas eindämmte.

Man einigte sich darauf, daß die Nutzung der so gewonnenen Flächen variabel bleiben sollte. Fürs erste blieb die eine Garderobenecke eine Bau- und Tobeecke, die allein mit vielen Matratzen, Schaumstoffteilen, Kissen und Tüchern auskam.

Hier wurden Buden gebaut, die Matratzen zum Trampolinspringen genutzt, Kissenschlachten gemacht, und manchmal lagen die Kinder auch ganz ruhig auf den Matratzen und ruhten sich einfach aus.

Statt Garderoben – Nischen zum Ruhen und Orte zum Toben

Die zweite Garderobenecke wurde ebenfalls mit Schaumstoffelementen ausgekleidet, an der Decke wurde an einem Haken ein Moskitonetz aufgehängt. In die so entstandene Höhle kamen Kissen und große weiche Kuscheltiere (ein Geschenk von Eltern, die froh waren, daß sie die überdimensionalen Bären und Teddys abgeben konnten). Hier entstand eine Ruhezone zum Bilderbuchbetrachten, zum Träumen, für Rollenspiele und zum Sichzurückziehen.

Und wo blieben die Mäntel?
Es wurden fahrbare – viereckige und damit platzsparende – Garderobenständer besorgt, auf denen genauso jede Jacke ihren Platz hatte.

4.3 Räume für alle Sinne

Auch im folgenden Beispiel war die Unzufriedenheit mit der räumlichen Situation des Kindergartens Anlaß für ein Projekt:

Die Räumlichkeiten waren beengt; es war kein Ausweichraum für besondere Aktivitäten vorhanden. Die Eingangshalle wurde als Bewegungsraum genutzt, aber es herrschte immer „Durchgangsverkehr". Ruhigere Spiele, Entspannungsphasen waren nicht möglich, auch die Gruppenräume waren klein und verwinkelt (mit Empore).

Aber: Im Keller befand sich ein als Abstellraum genutzter Raum, ca. 50 qm groß, mit Lichtschacht.

Die Idee für das Projekt ging von den Erzieherinnen aus. Bei einer Fortbildungsveranstaltung zum Thema „Leben und Lernen mit allen Sinnen" hatten sie selbst die Faszination sinnlicher Wahrnehmung erfahren. Alltägliches in neuen Zusammenhängen und Gewohntes aus neuer Perspektive zu erleben, dabei sich einzulassen auf *ungewohnte Hörerlebnisse, Sichtweisen, Tastwahrnehmungen und Körpererfahrungen* – all das hatte bei ihnen tiefe Eindrücke hinterlassen.

So entstand der Wunsch, auch für die Kinder ihrer Einrichtung die Sinne stärker in den Vordergrund zu rücken. Kleinere Vorhaben wie das Herstellen von Tast- und Hör-Memories, das Gestalten einer Tastwand im Flur und der Bau von Wackelbrettern und Drehscheiben hatte bei den Kindern so viel Begeisterung erzeugt, daß der Entschluß gefaßt wurde, ein längerfristig angelegtes Projekt zum Thema *Sinne* anzugehen. Im Vordergrund stand dabei die Idee, einen „*Raum für alle Sinne*" einzurichten. Bevor diese Idee realisiert wurde, kam es im Team zu intensiven Diskussionen: Sollte man überhaupt die Sinne in *einem* Raum konzentrieren? Wäre es nicht sinnvoller, in *allen* Räumlichkeiten des Kindergartens Sinneserfahrungen vielfältiger Art zu ermöglichen, vielleicht sogar zu provozieren, einfach die Sinne *im Alltag* mehr anzusprechen und nicht quasi eine „gute Stube" herzurichten, in der zeitweise zwar intensive sinnliche Erfahrungen möglich wären, ansonsten aber – „vor der Tür" – alles beim alten bliebe? Das waren die Argumente *gegen* den Sinnesraum. *Dafür* sprach, daß die Bedeutung sinnlicher Erfahrungen eher bewußt wird, wenn sie wenigstens für einen bestimmten Zeitraum in den Mittelpunkt der pädagogischen Arbeit rücken. Auch die räumlichen Bedingungen in einem Kindergarten wirken sich auf die Wahrnehmungsfähigkeit der Kinder aus. Die Konzentration auf ungewohnte Sinneserfahrungen gelingt daher u. U. besser, wenn auch die Umgebung ein entsprechendes Umfeld bereitstellt.

Die Entscheidung fiel zugunsten der „guten Stube", zugunsten eines Raumes, in dem das Abschalten von der unüberschaubaren Vielfalt an Reizen, die im Alltag auf die Kinder einströmen, erleichtert und die intensive Konzentration auf das sinnliche Erleben unterstützt wird.

Und wo sollte das alles stattfinden? Es blieb eigentlich nur der Kellerraum!

Nach Diskussionen im Team und Rückfragen beim Jugendamt, ob denn ein Kellerraum für das geplante Vorhaben genutzt werden konnte, begannen die Planungen. Da auch der Elternbeirat und nach einem Informationsabend alle anderen Eltern dem Vorhaben sehr aufgeschlossen gegenüberstanden und ihre Mitarbeit bei der Umgestaltung des Raumes zusicherten, wurde ein grober Finanzierungsplan aufgestellt. Ein Ausschuß – bestehend aus Erzieherinnen und Elternvertretern – wurde eingerichtet.

Nun begann die eigentliche Projektarbeit – gemeinsam mit den Kindern. Durch Übernahme kleinerer Aufgaben sollte ihnen die Identifikation mit dem Raum möglich sein. Bereits bei der Umgestaltung waren vielfältige Sinneserfahrungen möglich.

So machten wir einen *Aushang am Schwarzen Brett (Infobrett):*

„Wir brauchen Matratzen, helle Bezugsstoffe, Strahler, Teppichboden, Kissen ..."

Die Beteiligung der Eltern beschränkte sich jedoch nicht nur auf die Zulieferung von Möbeln und Materialien, sie waren auch bei den Planungen und Umbauarbeiten aktiv.

Ausflug in eine Zauberwelt: Snoezelen

In dieser Zeit des Planens, Sammelns und Umgestaltens machten Erzieherinnen und eine Gruppe von ca. 20 Kindern einen Ausflug in das sog. „Snoezel-Zentrum" einer benachbarten Behinderten-Einrichtung. Sie waren einhellig begeistert: „So sollte unser Keller aussehen!"

Der Begriff „Snoezelen" (sprich „snuselen") stammt aus dem Holländischen und ist eine Kombination aus den Wörtern „snuffelen", d. h. schnüffeln, schnuppern, und „doezelen", d. h. dösen, schlummern. In einer stimmungsvollen Atmosphäre (gedämpftes

Licht, leise, meditative Hintergrundmusik) werden in einem Snoezel-Raum alle Sinne in einer ganz spezifischen Weise angesprochen, um Entspannung und Wohlbefinden zu vermitteln. Hier steht das passive Genießen, das „Auf-sich-wirken-lassen" der Sinnesreize im Vordergrund. Die Wahl der Aktivitäten liegt bei den Besuchern. Sie können auswählen zwischen einer großen Anzahl von Aktivitäten oder passiven Erlebnissen. Dazu gehört z. B. die Entspannung in einem Ruheraum, der durch seine Einrichtung und Atmosphäre (weiche Schaumstoffmatten, meditative Musik, sanfte Farb- und Lichtspiele) das Gefühl von Ruhe und Geborgenheit unterstützt. In einem anderen Raum können sie in ein Bällchen-Bad eintauchen oder, auf einem großen Musik-Wasserbett liegend, die begleitende Musik körperlich spüren. Alle Räumlichkeiten sind hier auf intensive Sinneserfahrungen ausgerichtet, wobei sowohl die aktive Betätigung (an Musikorgeln, Glockenspielen, Schaukeln in Hängematten etc.) als auch das passive Genießen möglich sind (vgl. BREHMER 1994, ZIMMER 1995).

Snoezelen ist ursprünglich ein Freizeitangebot für behinderte Menschen, es wird aber auch immer häufiger von Nichtbehinderten und vor allem auch von Kindern aus Kindertageseinrichtungen und Schulen genutzt.

Nach dem Vorbild der Snoezel-Räume erfolgte die Umrüstung eines ursprünglich als Materiallager genutzten Raumes im Kindergarten zu einem Sinnes- bzw. Entspannungsraum. Der Raum lag im Keller der Einrichtung, war warm und trocken, hatte aber nur einen kleinen Lichtschacht und war deswegen nie als vollwertiger Raum angesehen worden. Die Nutzung als Sinnesraum schien geradezu ideal: Hier war man wenig beeinflußt von den Geräuschen und Aktivitäten in den anderen Kindergartenräumen. Der Mangel an Tageslicht war sogar ein Vorteil: Man konnte den Raum leicht abdunkeln und so eine „snoezelige" Atmosphäre schaffen. Ein Nachteil lag in seiner Abgeschiedenheit von den übrigen Räumlichkeiten: Es mußte immer eine Erzieherin die Kinder begleiten, wenn sie den Sinnesraum aufsuchen wollten. Da aber auch die Erzieherinnen die Ruhe in dieser „Oase" genossen, war es für sie eine willkommene Gelegenheit, täglich gemeinsam mit einer Gruppe von Kindern für eine gewisse Zeit im Sinnesraum zu verweilen.

Schritte der Umgestaltung

Zunächst mußte der Boden mit einer isolierenden Unterlage und einem weichen Teppich ausgestattet werden. Schaumstoffteile, Kissen, Polsterelemente (von den Eltern gestiftet, z.T. neu in einer einheitlichen hellen Farbe bezogen) dienten als Unterlage beim Liegen oder als Stütze beim Sitzen. Sie konnten aber auch von den Kindern zum Bauen von Buden, Höhlen oder anderen Rückzugsmöglichkeiten genutzt werden. Auch größere Kuscheltiere waren beliebte Begleiter der Entspannungsphasen.

Eine Duftlampe auf einem Wandregal verwöhnte die Nase: In die Schale über einem Teelicht wurden Wasser und einige Tropfen eines ätherischen Öles gefüllt. Dieses verdunstet, wenn das Teelicht angezündet wird.

Dieser Raum blieb auch über die Projektphase, in der er geplant, eingerichtet und in vielfältiger Weise von den Kindern, aber auch von den Erzieherinnen (im Team) und sogar von den Eltern genutzt wurde, hinaus erhalten. Er wird von den Kindern jeweils in einer kleineren Gruppe gemeinsam mit einer Erzieherin fast täglich aufgesucht (für ca. 15 bis 20 Minuten). Meist erzählt die Erzieherin den Kindern hier eine entspannende Geschichte oder macht mit ihnen eine Phantasiereise durch den Körper.

Nützlicher Nebeneffekt: Der Raum wird inzwischen – gegen ein Nutzungsentgelt – von einer Volkshochschulgruppe für Entspannungs- und Meditationsübungen genutzt.

Der „Raum der Sinne"

Nicht immer ist es möglich, zusätzliche Räume in einer Einrichtung zu finden, die durch Umbau oder Umgestaltung wie in obigem Beispiel eine völlig neue Nutzung erfahren. Im Rahmen eines Projektes ist aber auch die zeitweise Umgestaltung eines Gruppenraumes in einen Sinnesraum möglich, oder ein eigentlich für andere Zwecke vorgesehener Raum (Personalraum, ein abtrennbarer Flurbereich oder ein von allen Gruppen genutzter Ausweichraum) wird zeitweise zweckentfremdet. So wurde in einem anderen Beispiel ein sog. „Intensivraum", der zwischen zwei Gruppenräumen lag und für ruhigere, konzentrationsintensivere Spiele vorgesehen war, zu einem Sinnesraum umfunktioniert.

Aus dem Raum wurden Tische und Stühlen entfernt, und der Boden wurde mit Fellen, Matratzenteilen oder Schaumstoffpolstern ausgelegt. Haken an der Decke ermöglichten das Befestigen einer Schaukel, einer Hängematte oder eines großen Schaukeltuches, das bei den Kindern zu einem der beliebtesten Aufenthaltsorte im Kindergarten wurde.

Dieser Raum wurde weniger als Ruheraum, als vielmehr zum aktiven Experimentieren mit allen Sinnen genutzt. In einem großen Raum können zur Abtrennung verschiedener Experimentier- und Erlebnisbereiche Raumteiler verwendet werden: Vorhänge aus Kreppapier, Zeitungsbahnen, Decken, bunt bemalte oder eingefärbte Bettlaken.

Da viele Sinneswahrnehmungen erst dann bewußt werden, wenn der alles dominierende Sehsinn ausgeschaltet wird, kann es hilfreich sein, wenn der Sinnesraum teilweise abdunkelbar ist. Rollos oder Decken vor den Fenstern erleichtern Tast- und Fühlexperimente, die hier auch ohne Schließen der Augen möglich sind, vermitteln aber auch die richtige Atmosphäre für Gespensterspiele, Traumreisen, Phantasiespiele.

„Sinnsationen der Woche"

In einem umgestaltbaren, variablen Sinnesraum ist es z. B. möglich, je nach Projektverlauf auch einmal wochenweise jeweils andere Sinnesbereiche anzusprechen; evtl. kann eine Gruppe diesen für die anderen vorbereiten, denn es ist besonders spannend, wenn man den Raum betritt und gar nicht weiß, was heute hier erfahrbar ist. Auch die Eltern sind neugierig und gespannt darauf, was es denn wohl in dieser Woche im Sinnesraum zu entdecken gibt.

So kann die Gestaltung des Raumes als ein Prozeß aufgefaßt werden, in den die Kinder selbst eingreifen können.

Ein Beispiel für die Gestaltung eines *„Raumes der Sinne"* wird von *Juliane Mende* (Kindertageseinrichtung „Tausendfüßler", Schwerte) berichtet. Bei diesem Projekt kamen die Impulse für die Veränderung des Raumes von den Kindern; sie beteiligten sich aktiv an der Gestaltung, brachten ihre Ideen ein und wurden darin von den Erzieherinnen unterstützt:

Aufbau eines mobilen Fußtastpfades
Material: feste, flache Kartons oder Kisten (Paletten), Fingerfarben

Die Kinder bemalten die Kartons und suchten gemeinsam mit der Erzieherin nach Materialien, mit denen sie gefüllt werden konnten: Kastanien, Sand, Sägespäne, unterschiedliche Teppichböden, Linoleum, Bausteine, Blätter, Stroh, Watte, Murmeln, Stoffe und Kieselsteine.

Die Kisten wurden hintereinander auf den Boden gestellt und als „Fußtastpfad" benutzt. Die Begeisterung der Kinder war so groß, daß sie sich z.T. sogar in die Kisten hineinsetzten. Die flachen Kisten ergänzten wir daher mit kleinen Wäschewannen aus Plastik. Auch sie wurden mit unterschiedlichem Material gefüllt, die Kinder konnten es mit geschlossenen Augen mit den Händen befühlen oder mit den Füßen ertasten und hatten nun auch genügend Platz, um sich in die Wannen hineinzusetzen.

Herstellen einer Tastwand (Befestigung an der Sprossenwand)
Material: 1 große Rolle Filz (ca. 6 x 2 m), verschiedene strukturierte Teppichböden (mit Juterücken, Spende eines Raumausstatters), Wellpappe, Stoffe.

Die Kinder entwickelten in Gemeinschaftsarbeit ein Bild aus den angegebenen Materialien. Zugeschnitten wurden die Materialien mit einer Kinderschere. Sie klebten die einzelnen Bildelemente auf den Filz. Anschließend wurde die große Tastwand an der Sprossenwand befestigt.

Tastkasten
Material: 1 fester Karton mit Deckel, Goldfolie, Filz, Gegenstände, die sich zum Tasten eignen.

Der Karton wurde mit Folie beklebt, anschließend wurden zwei Kreise ausgeschnitten, im Karton wurde oberhalb der Kreise Filz befestigt, damit beim Einführen der Hände von außen das Material nicht erkannt werden konnte.

Das Tastmaterial wurde regelmäßig erneuert, so daß es immer wieder neues Rätselraten gab.

Geräuschdosen

Material: Blechdosen (Konservendosen)

Die Blechdosen wurden mit unterschiedlichen Materialien gefüllt. Die Auswahl trafen die Kinder: Was schepperte, raschelte, rasselte beim Schütteln und Bewegen? Die Dosen wurden mit unterschiedlichen Tüchern verschlossen.

Massagesalon

Material: 2 große Matratzen, ein großes Bettlaken, 1 großer Spiegel, Stoff, umweltfreundliche Malerfolie (knistert stärker und ist leicht milchig), Spiegelfolie, Pappe, Noppenball, Tennisball, verschiedene Stoffe, Federn, Fransen und alles, was sich zum Massieren eignet.

Die Matratzen wurden bezogen und vor einen großen Wandspiegel gelegt. Über den Matratzen hing ein Himmel aus weißem, glänzendem Stoff, an dem verschiedene Formen aus mit Spiegelfolie beklebter Pappe hingen. Die Seiten und die Vorderfront des „Massagesalons" wurden mit Malerfolie abgehängt, um eine räumliche Abgrenzung vorzunehmen.

Die Kinder legten sich zur Entspannung auf die Matratzen und massierten sich mit unterschiedlichen Materialien gegenseitig. Dabei hatten sie die Möglichkeit, ihre Aktivitäten im Spiegel zu beobachten. Der Massagesalon wurde von den Kindern sehr gut angenommen. Sie probierten viele unterschiedliche Materialien aus, vertauschten die Rollen „Masseur" und „Patient". Viele Kinder genossen die Massage und entspannten sich dabei, einige andere bekamen eine Gänsehaut oder kicherten, was sie jedoch nicht davon abhielt, weiterzumachen. Die Aufenthaltsdauer bei dieser Station war unterschiedlich, mal waren es 5 Minuten, es konnte jedoch auch eine halbe Stunde werden. Bei einer längeren Verweildauer war die Atmosphäre meist ruhig und entspannt, wobei generell zu sagen ist, daß diese Station meist nur in ruhigen Momenten aufgesucht wurde. Die Kinder hatten für diese Momente ein besonderes Gespür entwickelt.

Reifen mit Chiffontüchern
Material: 1 Holzreifen, verschiedenfarbige Chiffontücher, Band.

Die Chiffontücher wurden an den Reifen geknotet, der Reifen mit Bändern an der Decke befestigt.

Die verschiedenfarbigen Tücher bewegten sich bei kleinen Luftzügen. Die Kinder berührten die Tücher, stellten sich unter den Reifen und ließen die Tücher durch ihr Gesicht streichen.

(Besonders schön ist es, wenn man unter diesen Reifen eine Drehscheibe wie das Varussell stellen kann, so daß die Kinder während der Drehbewegungen auch die Tücher in Bewegung versetzen!)

Spiegelfolie auf dem Boden
Material: Spiegelfolie

Die Spiegelfolie kann über Kataloge (Kindergartenausstattung) oder in Bastelfachgeschäften bezogen werden. Die Haltbarkeit beträgt bei guter Pflege ca. 6–10 Wochen. Wichtig ist, daß die Folie beim Wischen nicht mit gereinigt wird, da die Oberflächenstruktur sonst stumpf wird. Es empfiehlt sich die Reinigung mit einem Fensterleder. Beim Anbringen der Folie muß darauf geachtet werden, daß der Boden sauber ist (bessere Haltbarkeit) und die äußeren Ränder verstärkt werden (durch einen weiteren Spiegelfolienstreifen).

Von den Kindern wurde die Spiegelfolie sehr gut angenommen. Sie

Beispiele für Projekte: Sinnes(t)räume – im Kindergarten und in der freien Natur

fingen an, sich bewußt aus den unterschiedlichsten Perspektiven zu beobachten. Besonders interessant war dies für Kinder im Krabbelalter. Sie beobachteten sich selbst genau, hoben z. B. eine Hand hoch und legten sie wieder auf die Folie. Die älteren Kinder stellten sich oft auf die Folie und tanzten, um so ihre Bewegungen aus einer ganz anderen Perspektive wahrzunehmen.

Tischhäuser

Material: Tische, Stoff, Müllsäcke, Regenbogenfolie, Decken, Spiegelfolie, Tesakrepp.

Die Tische wurden mit Stoffen und eingeschnittener Plastikfolie (Fransen) beklebt. Die Tischplatte wurde von unten mit Spiegelfolie versehen und auf den Fußboden eine Decke gelegt. Die Tische boten Rückzugmöglichkeiten, in denen sich die Kinder ausruhen oder auch mit den Wahrnehmungsmaterialien experimentierten.

Raumteiler als Klangkörper

Material: verschiedene Stoffe, Folien, Glöckchen, Plastikplättchen, Malerfolie.

Die Stoffe und Folien wurden mit den Kindern zu dicken langen Zöpfen geflochten. In die Zöpfe wurden Glöckchen und Plastikplättchen als Klangkörper eingeflochten. Einzelne Stücke Malerfolie wurden mit Stoffstücken beklebt und ebenfalls als Raumteiler verwandt.

Die Regenbogenfolie ist aus einem ähnlichen Material wie die Klarsichtfolie, in die Blumen eingewickelt werden. Sie kann auf Rollen gekauft werden, sollte jedoch nicht eingeschnitten, sondern im Ganzen aufgehängt werden, da sie sonst schnell reißt. Dieser Warnhinweis sollte auch an die Kinder weitergegeben werden, um eine durchschnittliche Haltbarkeit von 2–3 Wochen zu erzielen. Bei der Regenbogenfolie, die gut als großes Fenster genutzt werden kann, ergeben sich durch die leichte farbliche Strukturierung schöne Lichtreflexe. Die Regenbogenfolie ist in Bastelgeschäften erhältlich.

Trockenplanschbecken

Material: 1 Planschbecken, Stroh, 1 Sprossenwand, 1 Bank

Die Kinder füllten das Planschbecken mit Stroh. Sie setzten sich in das Becken, legten sich, bewarfen sich mit Stroh und entwickelten noch viele andere Ideen. Eine der schönsten Ideen war, die Bank in die Sprossenwand zu hängen und gleichzeitig in das Planschbecken hineinzustellen. So konnten die Kinder von der Sprossenwand aus in das Becken rutschen.

Bei dem mit Stroh gefüllten Planschbecken gab es keine allergischen Reaktionen, was jedoch bei einer entsprechenden Veranlagung nicht auszuschließen sein wird. Zu diesem Punkt habe ich noch einen

Beispiele für Projekte: Sinnes(t)räume – im Kindergarten und in der freien Natur

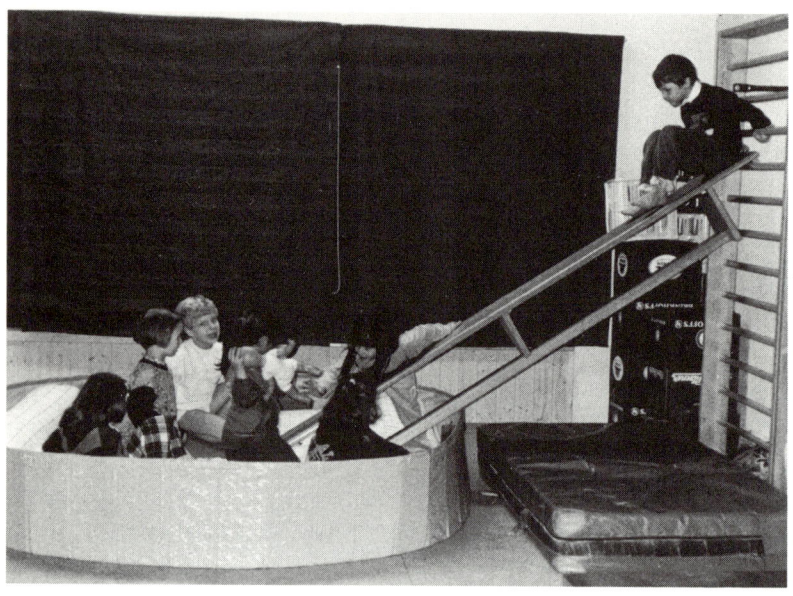

kleinen Tip: Da unser Planschbecken sehr groß ist, haben wir auf den Boden des Beckens Matten gelegt und darauf das Stroh verteilt. So konnten wir den Kindern beim „Hineinrutschen" in das Becken eine weiche „Landung" garantieren.

Sinn-volle Erfahrungen

Projekte wie die Gestaltung eines Raumes für alle Sinne können dazu beitragen, daß Kinder die Räume ihres Kindergartens nicht als vorgegeben und fertig erleben, als Einrichtungen, die von Erwachsenen perfektioniert und vorbestimmt sind. Statt dessen finden sie hier Möglichkeiten zum Einbringen eigener Ideen, zur aktiven Betätigung und zum Verfolgen der Veränderungsprozesse.

Durch solche Erfahrungen lernen Kinder, daß ihre Umwelt niemals fertig und unveränderbar ist, daß sie selber auf sie einwirken können, daß sie selbst ein Teil ihrer Umwelt sind.

Die Mitarbeit an der Umwandlung eines Raumes, das Übernehmen – wenn auch kleinerer – eigener Verantwortlichkeiten wird sich auch auf die anschließende Nutzung auswirken. Kinder werden sich stärker mit dem Raum identifizieren, es wird „ihr" Raum sein, wenn sie an seiner Entstehung beteiligt waren.

Die bei diesem Prozeß gewonnenen Sinneserfahrungen werden als mindestens ebenso „sinnvolles Tun" wahrgenommen wie die anschließende Nutzung der Sinnesräume.

4.4 Eine ganze Etage für alle Sinne
(Monika Spang, Städtische Kindertagesstätte Schölerberg, Osnabrück)

Die Räume unserer aus einer ehemaligen Sportstätte mit Trainingsinternat umgebauten Kindertagesstätte sind auf drei Ebenen angeordnet. Die ganze obere Etage bietet Raum für vielfältige Sinneserfahrungen. Diese „Sinnesetage" steht allen Kindern der Einrichtung täglich zur Verfügung, wobei ein größerer Raum – genannt „Zauberwald"- Stammgruppenraum für 25 Kinder ist. Daneben gibt es weitere Spiel- und Entspannungsmöglichkeiten, wie z. B. eine große Leseecke, eine Spiegelecke und einen Snoezelraum. Der Gruppenraum ist ganz auf intensive Wahrnehmungserlebnisse eingerichtet. Allein durch die baulichen Voraussetzungen ist er in kleinere Bereiche gegliedert, die es ermöglichen, auch ohne Regale und Schränke gemütliche Ecken mit unterschiedlichen Spielmaterialien zu gestalten. Der Raum hat an der gesamten Außenfront große Fenster, und durch eine Terrassentür können die Kinder nach draußen blicken. Es macht ihnen Spaß, durch farbige Bullaugen aus Fensterfolie zu schauen und durch farbige Brillen die Welt rosa, rot, blau oder lila zu sehen oder die auf dem Dach befindlichen Windmühlen zu beobachten.

Gleich daneben plätschert ein *Springbrunnen*, der sich inmitten einer Spiellandschaft befindet und mit seinen unterschiedlichen Wasserspielen sowohl das Auge als auch das Ohr reizt. Für diese Springbrunnenlandschaft haben wir mit den Kindern einen ungenutzten Knetetisch umfunktioniert. In die Mulde kamen Wasser und eine Wasserpumpe, an die unterschiedliche Wasserspiele angeschlossen werden können; die Mulde wurde anschließend mit Steinen und Muscheln aufgefüllt. Das Umfeld des Springbrunnens wurde mit Zeitungspapier, Kartons, verschiedenen Stoffen und Belebungsmaterial aus dem Bauzimmer zur Landschaft gestaltet, die sich je nach Jahreszeit verändern kann.

Durch diese Landschaft bewegen sich kleine Holzeisenbahnen auf Schienen, Playmobilfiguren und Puppen aus der Puppenstube erwachen durch das Spiel der Kinder zum Leben. Und natürlich reizt es fast jeden, die Hände irgendwann einmal in die sprudelnden Wasserfontänen hineinzuhalten.

Ganz ungestört von der übrigen Umgebung können die Kinder in einem großen *„Eierpappenhaus"* Musik machen oder Kassetten anhören. Das Haus wurde unter Beteiligung von Eltern (die vor allem die Eier-Pappkartons sammelten) und Kindern unserer Einrichtung innerhalb von sechs Monaten fertiggestellt. Nachdem der Bau des Hauses zunächst recht schleppend voranging, stieg die Sammelbegeisterung von Eltern und Kindern mit zunehmender Größe des Hauses. Alle Pappkartons wurden mit blauer Farbe besprüht und mit Bastelleim aneinandergeklebt. Ein fester Holzrahmen am Boden des Hauses ermöglicht es heute, das Haus zu verschieben. Ein ausgedienter Sonnenschirm bildet das Dach und ist von innen mit kleinen Lichterketten zur Beleuchtung versehen. Zur Zeit wird es als „Musikhaus" genutzt. Hier gibt es Geräuschdosen, Regenmacher, gekaufte und selbstgebastelte Musikinstrumente, Spieluhren und Musikkassetten. Von Zeit zu Zeit werden die Klangelemente ausgewechselt.

Die Sitzeinrichtung bestimmen die Kinder selbst und holen sich Schaukelstühle, Decken, mit Sägespänen oder Styropor gefüllte Bettbezüge oder eine Riesentastschlange ins Haus.

Auf einem ungenutzten Regalbrett entstand nach mühevoller, wochenlanger Arbeit in der Werkstatt eine große *Murmelbahn*. Mit einiger Anstrengung hämmerten die Kinder zwei Reihen großer Nägel serpentinenförmig auf das Brett, durch die die Murmeln hindurchlaufen konnten. Anschließend wurde das Brett mit Farbe besprüht und mit Belebungsmaterial verziert. So entstand eine Landschaft, durch die die Murmeln klickernd entlanglaufen. Das Murmelbrett kann an Tischen, Trapezen, Regalen oder Heizungsverkleidungen eingehängt werden, so daß auch unterschiedliche Höhen ausprobiert werden können.

Ein *Riesentastpuzzle* motiviert die Kinder, sich einmal ganz auf ihren Tastsinn zu verlassen. Mit einer großen undurchsichtigen Taucherbrille werden die Augen verschlossen; andere Mitspieler reichen dem nun „blinden" Spieler Teile des großen Puzzles. Durch Abtasten der Oberfläche fühlt das Kind, an welche Stelle das Teil in das Puzzle eingefügt werden muß.

Eine ganze Etage für alle Sinne

Scheibenrennen
Unterlegscheiben, die sich an Gewindestangen herunterhangeln, sehen nicht nur lustig aus, sondern machen auch seltsame Geräusche. Für gerade Strecken benötigen die Unterlegscheiben viel Zeit, bleiben unterwegs manchmal stecken und werden von nachfolgenden Scheiben angestoßen und wieder in Bewegung gesetzt. Ist die Gewindestange kurvenreich gebogen, dann erreichen die kleinen Unterlegscheiben ihr Ziel viel schneller. Die Kinder spielen dieses Spiel allein, sind dabei

ganz ruhig und beobachten konzentriert den Ablauf, oder sie spielen mit mehreren Kindern, und es entsteht ein geräuschvolles Wettspiel.

Kastanienbad

In den Sommermonaten war das aufblasbare *Planschbecken* mit Wasser gefüllt. Die Kinder nutzten es für Angelspiele und probierten das Element Wasser als Schüttmaterial aus. Verschiedene Trichter und unterschiedliche Schöpfkellen und Gefäße ermöglichten den Kindern, Mengen und Größen zu vergleichen. Im Herbst stand das Planschbecken unter einem bunten Pavillon; es war gefüllt mit Kastanien, die die Kinder mit Begeisterung sammelten. Täglich wurden neue Kastanien gebracht. Die Kinder wühlten in den Kastanien, vergruben sich gegenseitig darin und nutzten sie als Schüttmaterial. Die Kastanien wurden in verschieden große Gefäße abgefüllt, umgeschüttet und wieder ausgeleert. Wir haben mit Erstaunen festgestellt, daß Schüttmaterial die Aufmerksamkeit der Kinder für einen langen Zeitraum am Tag erhält. Beim Füllen von Sand, Reis oder Erbsen in Gläser und Flaschen, durch Röhren und Trichter sind die Kinder konzentriert bei der Sache, und selbst unruhige Kinder werden ruhig und entspannt.

Duft- und Schüttelflaschen

Mit verschiedenen Dosen und Bechern, die ansprechend gestaltet sind (z. B. mit Glitzerfolie bekleben), lassen sich immer wieder neue Spiele entwickeln. Unter einfarbigen Joghurtbechern können immer neue Dinge versteckt werden (z. B. Steine, Muscheln, Nägel, Schrauben, Knöpfe etc.), so daß z. B. Memories nie langweilig werden. Hübsche Dosen mit Innenleben können Geräusche erzeugen oder Schätze beherbergen. Kleine verschließbare Getränkeflaschen oder Medizinflaschen eignen sich als *Duftfläschchen* oder zur Herstellung von *Schüttelflaschen*, die mit Öl oder gefärbtem Wasser gefüllt und mit kleinen Glitterteilchen versehen werden. Wir versuchen, möglichst viele Spielmaterialien selbst herzustellen und immer wieder umzugestalten. Materialien, die in ihrer Funktion nicht festgelegt sind, regen die Phantasie der Kinder und der Erwachsenen an und halten die Anschaffungspreise für neue Spielideen gering.

Auf dem Flur vor dem Wahrnehmungsbereich befindet sich eine großzügige *Leseecke*. Zwei große Sofas laden dazu ein, es sich gemüt-

Eine ganze Etage für alle Sinne

lich zu machen, mit anderen zu klönen, Bücher anzuschauen oder ganz einfach das Geschehen auf der Etage zu beobachten.

Traumzimmer
Besonderer Beliebtheit erfreut sich unser *Snoezelraum*, das „*Traumzimmer*". Der kleine Raum ist zur Hälfte mit großen, weiß bespannten Matratzen ausgelegt, auf denen Wolldecken und große Kissen liegen. Mit schwarzen Vorhängen kann der Raum verdunkelt werden. Eine sich langsam drehende Discokugel, die von einem Punktstrahler angeleuchtet wird, erzeugt an den Wänden weiße und farbige bewegliche Lichtpunkte. An der großen beleuchteten Wassersäule können die aufsteigenden Wasserblasen beobachtet werden. Ein unmöblierter, mit Teppich ausgelegter Bereich bietet genügend Platz für Legespiele, Meditationen oder Diaangebote. Das Traumzimmer ist ein absolut stiller Bereich. Er wird nur mit Strümpfen betreten, alle unterhalten sich im Flüsterton. Wer den Raum verlassen will, schließt leise die Tür hinter sich zu. Dem Snoezelraum vorgelagert ist eine kleine Ecke, in der ein Spiegelzelt und eine Spiegelsäule für Ganzkörperbetrachtungen stehen. An den Wänden hängen kleine Wolken- und Son-

Beispiele für Projekte: Sinnes(t)räume – im Kindergarten und in der freien Natur

nenkissen, die die Kinder zum Spielen abnehmen können. Das Fenster nach außen ist mit bunten Folien beklebt, durch die das Sonnenlicht farbige Streifen auf den Fußboden wirft.

Für die eigene Sinneswerkstatt hier einige Bauanleitungen:

„Eierpappenhaus"

Material: ca. 500 Eierkartons, Acrylfarbe in Spraydosen, Ponal Holz- und Bastelleim, 4 Rauhspundbretter in ca. 2 m Länge (oder andere Bretter oder Leisten in Eierpappenbreite, um darauf die erste Pappenreihe zu befestigen), Metallwinkel, Sonnenschirm, Lichterketten, Stoffstreifen.

Bauanleitung: Die vier Holzleisten zu einem Quadrat mit Metallwinkeln zusammensetzen, darauf eine erste Pappenreihe aufleimen. Für die Tür eine Lücke von ca. 80 cm lassen. Die folgenden Reihen von Eierkartons jeweils im Verbund (immer auf Lücke der vorigen Reihe) kleben. Als Abschluß einer Reihe (Türöffnung) sind 6er Kartons vorteilhaft. Da das fertige Haus etwa 1,80 m hoch ist, können Kinder beim Bau nur anfangs mithelfen.

Ein alter Sonnenschirm (aufspannen, Stock absägen) wird über dem Haus an der Zimmerdecke befestigt, so daß der Schirm gerade auf der letzten Eierpappenschicht aufliegt. Den Sonnenschirm von innen mit Lichterketten behängen, damit das Haus beleuchtet werden kann. Eine schmale Holzleiste in Türbreite wird mit Stoffstreifen versehen und in die Türöffnung geklebt.

Es ist ratsam, alle Eierkartons vor dem Bau draußen mit Farbe einzusprayen, da der feine Farbnebel sich sonst im Zimmer auf Fußboden und Wänden niederschlägt.

Murmelbahn

Material: Holzbrett (ca. 1 cm dick, 40 cm x 100 cm Größe), Nägel (Drahtstifte, ca. 2,5 cm lang), Acrylfarbe in Spraydosen, Belebungsmaterial (Bäume, Tiere).

Bauanleitung: Zunächst zwei parallel verlaufende Serpentinen auf das Holzbrett aufzeichnen, auf denen die Kinder die Nägel einschlagen können. Die Nägel müssen so dicht beieinanderstehen, daß Murmeln nicht herausfallen können. Der Abstand der parallelen Nagelserpentinen muß aber so bemessen sein, daß eine Murmel gut rollen kann. Anschließend kann die Murmelbahn mit Farbe und Belebungsmaterial zu einer Landschaft gestaltet werden. Eine dicke Leiste am oberen Ende der Rückseite der Murmelbahn ermöglicht es, das Brett an Tischen und Regalen sicher anzulehnen oder einzuhängen.

Springbrunnen

Material: Tisch mit Mulde, Wasserpumpe mit verschiedenen Wasserspielen, Steine, Muscheln, Zeitungen, Kartons, Stoffreste, Teppichklebeband.

Bauanleitung: Aus Zeitungen werden Berge und Abhänge geformt und mit Packband am Tisch befestigt. Aus Kartons können Brücken und Tunnel entstehen. Mit Stoffen wird die Landschaft dekoriert. Die Stoffe lassen sich mit Teppichklebeband gut befestigen. Die Mulde im Tisch wird mit Wasser gefüllt und eine Wasserpumpe hineingestellt. Anschließend wird die Mulde mit Steinen oder Muscheln aufgefüllt.

Riesentastpuzzle

Material: 2 gleich große Sperrholzplatten (etwa 50 cm x 70 cm), verschiedene Stoffe, Folien, Papiere, Bastelleim.

Bauanleitung: Aus einer Sperrholzplatte tassengroße Kreise (mit Laubsäge oder Stichsäge) aussägen, anschließend schmirgeln und beide Platten aufeinanderleimen. Felder auf der Holzplatte einteilen, so daß zu jedem Feld ein Loch gehört. Jedes Feld und der dazugehörige ausgesägte Holzkreis werden mit einem bestimmten Material beklebt. Die Materialien sollten so ausgewählt werden, daß die Unterschiede mit geschlossenen Augen ertastbar sind.

Gewindespiel (für „Scheibenrennen")

Material: 1 dicke Holzplatte (ca. 20 x 30 cm Größe), Gewindestangen (Baumarkt), Unterlegscheiben (deren Innenloch auf die Gewindestangen paßt), Farbspray, Korken oder dicke Holzkugeln.

Bauanleitung: Von drei Gewindestangen wird eine serpentinenförmig und eine spiralig gebogen. Die dritte Stange bleibt, wie sie ist.

Die Gewindestangen werden am unteren Ende in die Holzplatte eingelassen. Auf jede Stange werden 15–20 Unterlegscheiben gesteckt. Als Abschluß erhält jede Gewindestange eine dicke Holzkugel oder einen dicken Weinkorken. Das Holzbrett und die Weinkorken oder Holzkugeln können mit Farbe verziert werden.

Literaturhinweise

AMT FÜR KINDERTAGESSTÄTTENARBEIT IN DER EKIBB (Hrsg.): Räume und Sinne. Berlin 1993³
BREHMER, CH.: Snoezelen. In: Zeitschrift für Heilpädagogik 1, 1994
BORT-GSELLA, W.: Räume gestalten – Spielräume schaffen. Münster 1992
DREISBACH, J./HAAS-KRUMM/PHILIPPS-PRENZEN, M.: Nischen, Höhlen, Hängematten. Berlin 1995
MAHLKE, W./SCHWARTE, N.: Raum für Kinder. Ein Arbeitsbuch zur Raumgestaltung im Kindergarten. Weinheim 1989
STEINER, F. und R.: Die Sinne. Linz 1993
ZIMMER, R.: Handbuch der Sinneswahrnehmung. Freiburg 1995

4.5 Wasser-, Spritz- und Matschräume

Ein besonderes Vergnügen bereitet es Kindern, mit Wasser zu spielen, zu planschen, sich naß zu spritzen. Zu Hause ist das Wasservergnügen meist auf die Badewanne beschränkt, und auch im Kindergarten darf man nicht allzu wild mit dem Wasser spielen. Genau das, was eigentlich Vergnügen bereitet, das Planschen, Matschen, Spritzen, ist verboten. Bleibt nur das Schwimmbad, aber auch hier werden planschende Kinder oft von Erwachsenen als störend empfunden.

Da jeder Kindergarten über Sanitär- und Washräume verfügt, können diese zeitweise zu Wasserspielplätzen umfunktioniert werden. Empfindlichen Boden kann man eventuell mit einer Plastikfolie abdecken.

Eine kleine Badewanne auf dem Boden, dazu ein paar Schüsseln und Eimer, Schwämme, Becher zum Wasserschöpfen – so können auch Waschräume zu Spielräumen werden und Kindern das genußvolle Spielen mit Wasser, Seife, Badeschaum, Farben etc. ermöglichen.

(Eine tiefe Duschwanne ist bei Neubauten sinnvolle Ergänzung der Waschanlagen und sollte von vornherein bei der Planung berücksichtigt werden).

Projektanlaß

So war denn auch das oft zu beobachtende Bedürfnis der Kinder, zu jeder sich anbietenden Gelegenheit im Wasser zu manschen, Anlaß für ein Projekt zum Thema „Wasser-Spiele".

Die Idee für das Projekt entstand im Frühjahr, als es noch zu kalt war, um den Kindern im Freien das Matschen mit Wasser und Sand zu erlauben.

Zu jedem Gruppenraum des Kindergartens gehörte ein großer Waschraum (mit Toiletten). Zu schade, um ihn nur für das Zähneputzen und Händewaschen zu nutzen.

Zu Beginn des Projektes wurden bestimmte Regeln vereinbart: In den Waschraum durfte nur eine bestimmte Anzahl von Kindern, die Kleidung mußte vorher – bis auf Badehöschen oder Unterwäsche – ausgezogen werden, Schuhe blieben draußen.

Vorbereitungen

Nach der Information der Eltern galt es, einen Vorrat an Handtüchern zu besorgen (Leihgaben der Eltern), denn nach einer Wasserschlacht waren die Kinder meist so richtig naß.

Zahnputzbecher und Händehandtücher wurden in den Waschraum einer anderen Gruppe gebracht, hier sollte während der Zeit des Projektes die übliche Nutzung als Waschraum erfolgen.

Material: kleine Plastikbadewannen, Eimer, Gießkannen, Pflanzensprüher, Plastikschläuche, Leerrohre, Schwämme, Trichter, Plastikflaschen (kein Glas, da die Gefahr des Bruches im Waschraum auf Fliesen zu groß ist).

Wasserexperimente im Waschraum

Badefest

Das Badefest bildete den Auftakt des Projektes. An einem festgelegten Tag brachten alle Kinder Badekleidung und Handtücher mit.

Wer wollte, konnte den ganzen Tag in den Waschräumen verbringen. Zwei Waschräume waren für folgende Spielsituationen vorbereitet:

In einem Waschraum wurden mit Fingerfarben großflächige Bilder gemalt. An den Wänden waren Plastikfolien angebracht worden, auf denen die Kinder mit den Händen oder mit großen Pinseln und Farben experimentierten. Auch Wasser wurde gefärbt und in Behälter gefüllt.

In einem anderen Waschraum waren Gießkannen, Pflanzensprühflaschen, Plastikrohre in verschiedenen Größen etc. vorhanden. Mit ihnen wurde Wasser transportiert, abgefüllt, gespritzt und geduscht.

Folgende Ideen lassen sich – durch entsprechendes Material und wenn die Erzieherin mitmacht – verwirklichen:

Wasserrohre
Lange durchsichtige Rohre (Leerrohre aus dem Baumarkt) wurden zu Wasserleitungen. Auf das eine Ende des Rohres kam ein Trichter. Durch ihn konnte mit einer Gießkanne Wasser in das Rohr gefüllt werden. Der Weg des Wassers im Rohr konnte verfolgt werden. Groß war der Spaß, als es am anderen Ende des Rohres wieder herauskam.

Mit diesen Rohren wurde natürlich auch experimentiert: Wie hoch steigt die gleiche Menge Wasser in einem dicken, in einem dünnen Rohr?

Schwammspiele
Mit Schwämmen wurde Wasser aufgesaugt, an anderer Stelle wieder ausgedrückt oder ein Schwammwerfen (weit, hoch, in einen Eimer, auf andere Kinder) veranstaltet.

Miniduschen
Mit Gießkannen, Pflanzen(oder Wäsche-)sprühern und Wasserpistolen wurden Duschen hergestellt. Natürlich konnte man sich auch gegenseitig damit anspritzen.

Wasserballons
Luftballons wurden mit Wasser gefüllt: Wieviel Wasser geht in einen Ballon? Mit den Wasserballons kann man sich gegenseitig bewerfen. Und wenn ein Ballon dabei platzt???

Für diese Wasserschlacht – die man im Sommer übrigens auch gut im Freien durchführen kann – benötigt man unbedingt Badekleidung.

Weiterführung des Projektes

Nach Beendigung des Projektes blieb ein Waschraum in der Funktion der Wasser-/Spritz-/Malspiele. Von Zeit zu Zeit wurden die Gegenstände, die zum Spiel zur Verfügung standen, ausgetauscht, so daß neue Spielideen entstanden.

Das Thema Wasser wurde insbesondere im Sommer wieder ganz aktuell. Auch draußen – bei heißem Wetter – verlangten die Kinder nach Schläuchen und Spritzen, hier kamen Sand und Erde als zusätzliches Material hinzu, so daß Matschpfützen entstanden, Bachläufe und Seen im Sandkasten gestaut wurden.

Die Attraktion an heißen Tagen war die

Schmierseifenrutsche

Eine große, reißfeste Plastikfolie (ca. 12 x 12 m, erhältlich im Baumarkt als Abdeckplane) lag auf einem ebenen Stück Rasen. In einem Eimer Wasser wurde etwas flüssige Schmierseife aufgelöst und über die Plane geschüttet. Es entstand eine glitschige Fläche, auf der man im Stehen oder auch in Bauch- und Rückenlage rutschen konnte (Anlauf nehmen und sich auf den Bauch gleiten lassen).

Hin und wieder mußte Wasser nachgegossen werden; daher ist es am besten, die Schmierseifenrutsche in der Nähe eines Wasseranschlusses aufzubauen oder neben der Plane eine Gartendusche in die Erde zu stecken, so daß ständig Wasser nachfließt.

Hat das Gelände eine abschüssige Wiese, erhält die Rutsche durch das natürliche Gefälle eine besondere Qualität.

Wasserbaustelle

Von einem Wasseranschluß im Kindergarten wurde das Wasser in einem langen Schlauch an einen passenden Ort auf dem Gelände geführt. Geeignet ist eine Sandstelle, an der die Kinder – ohne andere zu stören – Dämme stauen, Flußläufe bauen, Löcher graben, Seen entstehen lassen oder einfach mit Eimern und Formen richtig feste Kuchen backen können.

Literaturhinweise

BACHMANN, R.: Ökologische Außengestaltung in Kindergärten. Berlin 1994
HOHENAUER, P.: Spielplatzgestaltung. Wiesbaden 1995 (Wasserspielanlagen)
LÖSCHER, W. (Hrsg.): Sand und Wasser. München 1989
SCHNEIDER, K.: Krippenbilder. Berlin 1980

4.6 Inseln der Ruhe

„Sitz doch endlich mal still", „lauf nicht dauernd herum", „kannst du denn nicht mal fünf Minuten bei einer Sache bleiben" – solche Äußerungen sind in einem Kindergarten – noch mehr in der Schule – täglich mehrfach zu hören. Die Bewegungsbedürfnisse von Kindern scheinen unersättlich zu sein, fast ebenso groß wie das Bedürfnis der Erwachsenen nach Ruhe. Nun sind Ruhe und Bewegung zwei unterschiedliche, aber auch stark aufeinander bezogene Seiten menschlichen Verhaltens. Nur, wer sich ausreichend bewegen kann, kann auch Ruhe als genußvoll empfinden. Belastung und Entlastung müssen sich die Waage halten – nur dann kann von einer ausgeglichenen Lebensweise ausgegangen werden.

Kinder wollen sich bewegen, aber sie haben auch das Bedürfnis nach Ruhe. Sie wollen sich zurückziehen, allein in einem Buch blättern oder etwas bauen. Sie benötigen Zeit zum Verarbeiten von Eindrücken und Erlebnissen, zum Sichbesinnen und Träumen.

Auch für diese Bedürfnisse muß Raum vorhanden sein. Es müssen Rückzugsmöglichkeiten da sein, die die Kinder bei Bedarf nutzen können. Eine Hängematte oder ein an der Decke angebrachtes Schaukeltuch können eine Nische für Ruhe und Geborgenheit schaffen. In dem Schaukeltuch können sogar mehrere Kinder gemeinsam schaukeln, kuscheln oder sich eine Kassette anhören. Haken an der Decke oder an der Wand ermöglichen eine flexible Handhabung: Wenn die Hängematte oder das Tuch stören, werden sie einfach abgehängt.

Ruhezonen vorübergehender Art können auch durch im Raum aufgespannte Schwungtücher oder Fallschirme entstehen. Aus Bettlaken und Decken werden Zelte gebaut, ein großer Karton kann, mit Dekken ausgelegt, zu einer Höhle werden, die Geborgenheit und Schutz vermittelt. Ein alter Sonnenschirm wird unter die Decke gehängt.

Inseln der Ruhe

Die Seiten werden mit Bettlaken verhängt, so daß ein geschützter, abgegrenzter Raum entsteht.

Fallschirme können als Baldachin benutzt werden. Auf diese Weise können auch draußen geschützte Ecken und Nischen entstehen. Sie schützen vor Sonne, aber auch vor den Blicken anderer, geben Geborgenheit und bieten Rückzugsecken für Spiele, die einen umgrenzten Raum brauchen.

Abdunkelungsmöglichkeiten im Raum sorgen für eine ruhige Atmosphäre: Traumreisen und Phantasiegeschichten werden hier mit besonderer Konzentration aufgenommen.

Falls die Gruppenräume zu eng und für Ruhenischen nicht geeignet sind, können auch Nebenräume umfunktioniert werden (vgl. „Garderoben ..." und „Snoezelenraum").

Entspannung – Wege zur Stille

Spannung und Entspannung sind sowohl körperliche als auch psychische Phänomene. Vor allem bei Angst, Unsicherheit, Ärger und Wut handelt es sich um Gefühle, die auch sehr häufig zu einem angespannten Zustand der Muskulatur führen. Viele Kinder leiden bereits im vorschulischen Alter an Konzentrationsschwierigkeiten, Nervosität, Unruhe und Schlafstörungen.

Bewußt einen Wechsel zwischen Anspannung und Entspannung herbeiführen zu können, heißt auch, mit Emotionen besser umgehen zu lernen und über die körperliche Entspannung zu einer psychischen Gelöstheit zu gelangen.

Auch dies kann dazu beitragen, daß Kinder ihre Bewegungsunruhe wenigstens zeitweise „in den Griff bekommen". Sie erfahren die wohltuende Wirkung von Entspannung und spüren, wie sie daraus wieder neue Kraft und Aufmerksamkeit schöpfen.

Besonders beliebt sind „Ruhespiele" bei Kindern, wenn sie sich vorher körperlich verausgaben konnten. Nach bewegungsreichen Laufspielen z. B. haben sie selbst das Bedürfnis, zur Ruhe zu kommen.

Auch Kinder können bereits lernen, sich selbstgesteuert zu entspannen, die Aufmerksamkeit nach innen zu lenken, in sich hineinzuhören und zu fühlen, ihre Atmung bewußt wahrzunehmen.

Hierzu sind regelmäßige Übungsmöglichkeiten notwendig, die

allerdings weniger als „Training", sondern eher als Spielsituationen empfunden werden sollten.

Es gibt verschiedene Arten von Entspannung, für Kinder sind am wirkungsvollsten:
– sensorische Entspannung (z. B. progressive Muskelentspannung)
– imaginative Verfahren (Vorstellungsbilder, Phantasiereisen).

Beide Verfahren können in kindgemäße Geschichten eingebunden werden, sie stellen keine allzu hohen Ansprüche an die Konzentration und lassen sich auch gut in einer Gruppe durchführen.

Grundlage der *Progressiven Muskelentspannung* ist, einen *bewußten Wechsel zwischen körperlicher Anspannung und Entspannung* zu erzielen. Das vegetative Nervensystem, das für den Spannungsgrad der Muskulatur verantwortlich ist, kann willentlich beeinflußt werden.

Die Progressive Muskelentspannung, die auch als Progressive Relaxation bezeichnet wird, wurde durch den Amerikaner Edmund Jacobson entwickelt. Hier lernt man, Schritt für Schritt („progressiv") einzelne Muskelgruppen anzuspannen und wieder loszulassen, so daß sie völlig entspannt sind. Durch den bewußten Wechsel von Anspannung und Entspannung kann die Entspannung besser wahrgenommen und dieser Zustand auch willentlich herbeigeführt werden.

Nacheinander werden einzelne Muskelgruppen von der Stirn über die Arme, Rumpf und Beine systematisch angespannt (ca. 3–5 Sek.), dann wieder losgelassen (ca. 20 bis 30 Sek.). Der Kontrasteffekt verdeutlicht dem Übenden, was der Unterschied zwischen angespannter und entspannter Muskulatur ist.

Durch Entspannungsübungen wird der Muskeltonus gesenkt, die Atmung wird ruhiger und flacher. Außenreize werden nicht mehr so intensiv wahrgenommen; so können auch motorische Unruhe und Hyperaktivität reduziert werden.

Entspannungsübungen sollen in einem ruhigen, warmen, vom übrigen Alltagsgeschehen abgeschirmten Raum durchgeführt werden. Ideal ist es, wenn alle Teilnehmer auf einer nicht zu weichen Unterlage (Iso-Matten, Decken) liegen können. Kopf und Nacken können durch ein kleines Kissen unterstützt werden.

Im folgenden sollen Beispiele aus beiden Entspannungsmethoden vorgestellt werden.

Phantasiereisen

Bei Kindern ist es sinnvoll, die Entspannungsübungen mit Phantasiegeschichten zu verbinden. So können sie sich besser vorstellen, was es heißt, eine Arm anzuspannen und wieder loszulassen. Wer an den sog. „Ruhespielen" teilnimmt (die Teilnahme sollte immer freiwillig sein), sollte bereit sein, während dieser Phase möglichst nicht zu sprechen und – nach Möglichkeit – die Augen zu schließen. Günstig ist es, mit einer Phantasiereise durch den eigenen Körper zu beginnen. An diese Vorstellungsbilder können sich dann später Übungen aus der Progressiven Muskelentspannung anschließen.

Phantasiereise durch den Körper

Die Erzieherin spricht mit ruhiger Stimme:
Stell dir vor, du liegst im warmen, weichen Sand
und spürst die Wärme der Sonne auf deiner Haut.
Du hörst nur das leise Rauschen des Windes,
sonst ist es ganz still um dich herum.
Deine Hände lassen den Sand durch die Finger rieseln,
er fühlt sich weich und fein an.
Die Sonne scheint,
sie berührt leise deine Arme und streicht über dein Gesicht.
Du bist ganz ruhig und genießt,
wie die Sonne deinen ganzen Körper wärmt,
die Arme, den Bauch deine Beine,
auch die Füße spüren die Sonnenstrahlen
und unter sich den weichen Sand.
Du atmest ruhig und gleichmäßig,
spürst, wie der Atem in den Körper strömt
und atmest tief aus, … ein und aus.
Du fühlst dich ganz wohl,
bist ganz ruhig
und atmest tief ein und aus.

Weiterführung mit Übungen aus der Progressiven Muskelentspannung (bei älteren Kindern anzuwenden):

1. Deine *rechte Hand* ergreift einen Stein. Du hältst ihn ganz fest, drückst deine Faust fest zusammen ...
   – und du läßt den Stein wieder los, deine Hand sinkt ruhig auf die Erde, du genießt es, ganz ruhig dazuliegen ...
2. Nun ergreift auch deine *linke Hand* einen Stein, drückt ihn so fest zusammen, als wenn sie ihn auspressen wollte ...
   – und sie läßt den Stein los, die Hand liegt auf der Erde und ist ruhig und schwer ...
3. Du runzelst deine Stirn, denkst angestrengt nach, kneifst die Augen zu, beißt die Zähne zusammen und schaust ganz böse drein; vielleicht willst du ausprobieren, ob sich jetzt jemand erschrecken würde, wenn er dich so sehen könnte ...
   – und nun lächelst du wieder, du freust dich, daß hier niemand ist, dem du böse sein willst, alles um dich herum ist ganz ruhig.
4. Du ziehst die Schultern hoch, so als wenn du sagen wolltest: „Weiß ich nicht", der Kopf versinkt fast zwischen deinen Schultern,
   – und nun sinken deine Schultern wieder locker zurück ...
5. Du ziehst den Bauch ein, stell dir vor, du wolltest den Knopf deiner Hose zumachen, die Hose ist aber viel zu eng ...
   – jetzt hast du den Knopf zu und kannst wieder ganz entspannt ausatmen.
6. Du willst mit deinen Zehen eine Blume erreichen, sie ist ein paar Zentimeter von deinen Füßen entfernt, und du mußt das Bein so weit wie möglich wegstrecken;
   – du hast die Blume gerade berührt, jetzt kannst du das Bein wieder ganz locker lassen, es liegt ruhig und schwer auf dem Sand ...
7. Du probierst dasselbe mit deinem anderen Bein. Auch hier mußt du dich gewaltig anstrengen, mit den Zehen an die Blume zu kommen, sie weit strecken und ganz fest anspannen ...
   – laß das Bein wieder locker zurücksinken und ruhe dich aus, genieße es, im warmen, weichen Sand zu liegen und dich ganz ruhig und wohl zu fühlen ...

Nun räkele und strecke dich, denn jetzt ist es Zeit aufzustehen. Beuge die Arme an den Körper, spüre, wie alle Kraft wieder in deinen Körper strömt, und richte dich dann langsam auf.

Projektbeispiel: Ruhe und Bewegung

Anlaß:

Die Mutter eines Kindes ist Psychologin und ist vertraut mit Entspannungstechniken. Sie bot sich an, zweimal in der Woche in den Kindergarten zu kommen und im Bewegungsraum ein Entspannungstraining durchzuführen. Daran nahmen einige Kinder und Erzieherinnen teil. Die Erzieherinnen waren erstaunt, wie konzentriert die Kinder bei den Entspannungsübungen waren. Sie beschlossen, diese Ruhephasen, die sie auch selbst als sehr angenehm erlebt hatten, in ihre eigene Arbeit aufzunehmen und sie insbesondere nach den regelmäßigen Bewegungsstunden durchzuführen.

Es entstand der Wunsch im ganzen Team, ein größeres Vorhaben zum Thema „Ruhe und Bewegung" in Angriff zu nehmen.

Die Psychologin war bereit, bei einem Elternabend einige Erläuterungen zur Bedeutung und Wirkung von Entspannung zu geben und mit den Eltern einige einfache Entspannungsübungen durchzuführen.

Das Projekt wurde vorgestellt, der zeitliche Rahmen erklärt, organisatorische Maßnahmen wurden erläutert (Wer kann leihweise Isomatten zur Verfügung stellen, außerdem werden Decken benötigt ...).

Insgesamt erstreckte sich die Projektarbeit auf 6 Wochen.

1. Phase:

In der ersten Woche wurden vor allem Bewegungsspiele, die mit Stille-Übungen wechselten, durchgeführt: „Musik-Stop", „Versteinerungs- oder Verzauberspiele" etc. Hier sollen die Kinder den Wechsel von Ruhe und Bewegung erfahren. Die Ruhephasen waren allerdings noch sehr kurz und in Vorstellungsbilder eingekleidet, bei denen die Kinder meist noch eine sehr große Konzentration hatten.

Beispiel: Verzaubern
Die Kinder bewegten sich frei im Raum. Die Erzieherin oder ein Kind spielten den Zauberer. Hielt sie den Zauberstab hoch, mußten plötzlich alle in ihrer Bewegung innehalten und in der Haltung, in der sie sich gerade befanden, erstarren. Wer am längsten in dieser Zauberhaltung verbleiben konnte, ohne sich zu bewegen, wurde zum neuen Zauberer.

2. Phase:

In der zweiten Woche wurden nach bewegungsintensiven Spielen erste Ruhe-Übungen ausgeführt: Jedes Kind hatte eine Matte, auf die es sich legte. Musik wurde angestellt, und alle Kinder schliefen und träumten – solange, bis die Musik ausgestellt wurde oder die Erzieherin sie wieder weckte. Zum Wecken legte sie ein Sandsäckchen auf einen Körperteil. Die Kinder spürten, wo das Sandsäckchen lag und wie schwer es war.

Sie erzählten, was sie geträumt hatten: Vielen erschien das Sandsäckchen viel schwerer als jetzt, als sie es mit offenen Augen in der Hand hielten.

Katja: „Ich habe geträumt, auf meinem Bein liegt ein schwerer Sack, er wurde immer schwerer. Ich konnte das Bein gar nicht mehr bewegen."

3. Phase:

Nach der Entspannungsübung legten sich die Kinder zu Paaren Gegenstände auf den Körper: Bierdeckel, Sandsäckchen, Chiffontücher: Was ist schwer, was ist leicht, was ist kalt, was ist warm?

Am besten unbedeckte Körperteile (Arme, Beine) zum Auflegen auswählen, damit die Oberflächen- und die Tiefenwahrnehmung angesprochen wird. In einigen Gruppen können auch bereits Spiele mit Partnermassage durchgeführt werden.

4. Phase:

Stille und Entspannungsübungen

Nach der Einführungs- und Gewöhnungszeit, in der die Kinder insbesondere mit dem Wechsel von Ruhe- und Bewegungsphasen vertraut wurden und erste Konzentrationsübungen erlebt hatten, wurden weitere Stille-Übungen und Entspannungsspiele (siehe unten) erprobt. Dazu gehörten auch das Malen von Mandalas, Phantasiegeschichen und Traumreisen.

Mit den älteren Kindern konnten auch die oben aufgeführten Übungen zur Muskelentspannung durchgeführt werden.

Praktische Hinweise

Günstig ist ein kleiner, reizarmer Raum, evtl. mit Teppichboden/warm. Gruppengröße auf 8–10 Kinder begrenzen.

Selbst ruhig sprechen, störende Kinder nicht ausschimpfen, sondern leise bitten, sich an den Rand zu setzen.

Auswertung/Weiterführung

Obwohl einige Kinder Schwierigkeiten hatten, sich wirklich für eine Zeitlang ruhig zu verhalten, konnte sich doch ein Großteil der Kinder darauf einlassen. Seit diesem Zeitpunkt wurden am Ende einer Bewegungsstunde regelmäßig Entspannungs- und Ruhespiele aufgenommen.

Hierfür legten sich die Kinder auf ein am Boden ausgebreitetes großes Schwungtuch. Wegen der gelben Farbe nannten sie es „Sonnentuch". Dieses Ritual wurde im Laufe der Zeit zu einem festen Bestandteil der Bewegungsstunden. Vergaß die Erzieherin es oder wollte sie es aus Zeitgründen einmal weglassen, fragten die Kinder selbst nach dem „Sonnentuch".

Spannende Entspannungsspiele

Damit Kinder sich überhaupt vorstellen können, was Entspannung bedeutet, ist es hilfreich, Vorstellungsbilder heranzuziehen. So kann ein Gummiband mal ganz gespannt, mal ganz locker sein; wenn man an ihm zieht, wird es größer und länger, und wenn es zusammenschnellt, wird es schlaff und auch wieder kleiner.

Diesen Wechsel zwischen Anspannung und Entspannung kann man anhand eines richtigen Gummibandes verdeutlichen, man kann aber auch mit den Kindern selbst Gummiband spielen:

Gummiband

Alle liegen am Boden (auf Teppichboden oder auf einer Decke). Die Erzieherin fordert die Kinder auf:

„Stellt euch vor, an euren Füßen und Armen sind Gummibänder befestigt. An einem der Bänder wird nun gezogen, das Bein wird immer länger und länger; dann wird das Gummiband langsam gelockert, und ebenso weicht die Spannung auch aus dem Bein. Es liegt nun locker auf dem Boden."

Nacheinander werden alle frei beweglichen Körperteile (Arme, Beine, Kopf) in Spannung versetzt und dann wieder entspannt.

Blumen welken

Die Kinder liegen auf dem Boden und stellen sich vor, sie seien Blumen, die ganz ausgetrocknet sind. Die Arme sind die Blätter, sie hängen schlaff am Körper herunter. Der Kopf stellt die Blüte der Blume dar, auch er hängt nach unten und ist ganz schwer.

Nun bekommt die Blume Wasser. Sie richtet langsam wieder ihre Blätter und die Blüte auf. Dann steht sie ganz straff und stolz da (Arme aufrichten, Kopf anheben).

Jetzt regnet es sogar, und die Blätter wachsen, die Blume wird immer größer (Arme anheben und Kopf weit nach oben strecken).

Aber dann kommt wieder eine Trockenzeit ...

Luftmatratze

Partneraufgabe: Ein Kind liegt auf dem Boden und stellt sich vor, es sei eine Luftmatratze, die aufgepumpt werden soll. Bei jedem tiefen Atemzug wird die Matratze praller. Der Körper spannt sich jedesmal ein bißchen mehr an, bis die Luftmatratze von oben bis unten prall mit Luft gefüllt ist. Dann wird ganz langsam, mit einem langen Atemzug, die Luft aus der Matratze abgelassen.

Variation: Die gleiche Aufgabe kann man auch mit einem Partner ausführen. Dieser pumpt durch laute Blasgeräusche pantomimisch die Luftmatratze auf. Das am Boden liegende Kind spannt dabei langsam den Körper an. Abschließend wird das Ventil geöffnet, und die Luft entweicht der Matratze laut zischend.

Samenkörner wachsen

Die Kinder liegen zusammengekauert auf der Erde. Sie sind Samenkörner, aus denen kleine Pflanzen wachsen. Die Pflanzen werden immer größer. Die Kinder richten sich bei dieser Vorstellung aus ihrer zusammengekauerten Haltung langsam auf.

Aus der Pflanze sprießt sogar eine schöne Blüte (den Kopf aufrichten). Jetzt wachsen die Blätter der Pflanze (Arme zur Seite ausstrecken), aber nach einiger Zeit welkt sie und fällt in sich zusammen (genau wie die Kinder, die wieder in ihre zusammengekauerte Stellung auf den Boden zurücksinken).

Und noch eine Spielidee für den „Raum der Sinne":

Beispiele für Projekte: Sinnes(t)räume – im Kindergarten und in der freien Natur

Auto-Waschstraße

Der Sinnesraum war in eine Autowaschstraße umgewandelt worden. Alle Besucher erhielten ein Rollbrett, wenn sie den Raum betreten wollten.

Mehrere Kinder bildeten eine Auto-Waschstraße: Mit Bürsten und Schwämmen wurden die „Autos" abgerubbelt, mit Tüchern „trockengewedelt", mit Tennisbällen poliert.

Die Auto-Waschanlage hatte meist Hochbetrieb, daher mußte es Zeitbegrenzungen für die Aufenthaltsdauer geben.

Erfahrungsbericht über Massage- bzw. Entspannungsübungen als tägliches Angebot innerhalb des Hortalltages
(von Irmhild Zeh, Kindertagesstätte Douvermannstraße, Dinslaken)

Vor den Sommerferien haben wir damit begonnen, den Kindern die Möglichkeit zu geben, sich regelmäßig bei Musik und durch Massage zu entspannen. Dazu haben wir die Turnhalle unserer Einrichtung abgedunkelt, Matratzen ausgelegt und somit eine ruhige, angenehme Atmosphäre geschaffen. Manchmal haben wir zusätzlich eine Duftlampe aufgestellt.

Wichtig für die Schaffung einer entsprechenden Atmosphäre war die Auswahl der Entspannungsmusik (z. B. von Arnd Stein, Enya o. ä.).

Die Massage haben wir als Partnermassage angeboten, wobei sich immer ein Paar gegenseitig mit einem Tennis- oder Igelball massierte. Die Einhaltung bestimmter Regeln war uns hierbei sehr wichtig:
- Das massierende Kind soll sich ganz nach den Bedürfnissen seines Partners richten, wenn dieser z. B. bestimmte Berührungen besonders oder gar nicht mag.
- Kinder, die sich nicht auf die ruhige Atmosphäre einlassen konnten oder wollten, wurden aufgefordert, den Raum zu verlassen, ohne dabei die anderen Teilnehmer in ihrer Entspannung zu stören.
- Es sollte nach Möglichkeit nicht gesprochen, wenn nötig nur geflüstert werden.

Die Kinder haben dieses Angebot sehr gerne genutzt. Dabei haben zunächst wir Erzieherinnen die Kinder massiert, um ihnen einen Eindruck von der Igelball-Massage zu vermitteln. Die Resonanz auf dieses Angebot war so groß, daß wir es als festen Bestandteil in den Hortalltag integriert haben. Ja, mittlerweile ist diese halbe Stunde, die die mittägliche Massage in Anspruch nimmt, aus unserem Alltag kaum mehr wegzudenken. Seit Beginn des Schuljahres findet bei uns täglich vor der Hausaufgabenzeit diese Massage statt. Wer sich nicht direkt daran beteiligen möchte, kann sich auch einfach so auf eine der Matratzen legen und ausruhen.

Literaturhinweise

BRUNER, R.: Hörst du die Stille? München 1996
FRIEBEL, V.: Wie Stille zum Erlebnis wird. Sinnes- und Entspannungsübungen im Kindergarten. Freiburg 1995
LENDNER, S.: Bewegte Stille. München 1997
MASCHWITZ, G. u. R.: Stille-Übungen mit Kindern. München 1993
MÜLLER, E.: Träumen auf der Mondschaukel. München 1996
ZIMMER, R.: Schafft die Stühle ab. Freiburg 1995

4.7 Ohne Netz und doppelten Boden
Klettern – die Lust am Risiko

Bis zur obersten Spitze gelangen, von oben herabschauen, die Welt aus einer anderen Perspektive betrachten – ist das der Beweggrund dafür, daß Kinder so gerne klettern und steigen?

Was treibt selbst kleine Kinder dazu, den sicheren Stand auf dem Boden aufzugeben, sich beim Klettern immer höhere Ziele zu suchen, ja, sogar das Risiko des Herunterfallens auf sich zu nehmen?

Es gibt wohl mehrere Gründe, warum die meisten Kinder vom ersten Lebensjahr an begeisterte Kletterer sind. Sie wollen:

– Höhe erobern, Aussicht genießen;
– Spannung, Risiko erleben;
– mit den eigenen Kräften spielen;
– die eigenen Grenzen finden.

Sie sind auf der Suche nach neuen Erfahrungen, nach Widerstand, der körperlich-sinnlich wahrgenommen werden kann. Klettern ermöglicht die Balance zwischen Sicherheit und Risiko, zwischen Gewißheit und Ungewißheit, zwischen Vertrautheit und Abenteuer, Langeweile und Spannung.

Höher bedeutet immer auch ein Stück *weiter*, ein bißchen *mehr*. Mehr Können, mehr Freiheit, mehr Unabhängigkeit. „Oben" und „unten" – die Bedeutung dieser Begriffe beschränkt sich nicht allein auf die räumliche Ebene, meist wird damit auch eine persönliche Einordnung vorgenommen. Wenn jemand „von oben herabblickt", will er damit z. B. seine Überlegenheit bekunden. Die „Karriereleiter hochklettern" oder von seinem „Podest abstürzen", sich in der „oberen" oder „unteren Etage" einer Firma befinden – auch in alltagssprachlichen Redewendungen der Erwachsenen ist das Oben und Unten ein Symbol für Erfolg oder Mißerfolg.

Aus psychologischer Sicht ist es interessant, daß Bergsteiger das Klettern sogar als Überwinden einer in der Kindheit erlebten Hilflosigkeit beschreiben. Am Berg haben sie das Gefühl, aus eigener Kraft einen „Abgrund" überwinden zu können.

Das Bedürfnis zu klettern kann also auch aus dem Wunsch entstehen, sich selbst zu erhöhen, über sich selbst hinauszuwachsen.

Ohne Netz und doppelten Boden

Alles im Blick haben

Alles im Blick zu haben, scheint schon bei Kleinkindern ein begehrenswertes Ziel zu sein. Aus dem Krabbeln zum aufrechten Stand zu kommen, bedeutet nämlich auch, eine neue Sichtweise einnehmen zu können, an Dinge heranzukommen, die zuvor unerreichbar schienen, ab jetzt eine Welt *über* sich, aber auch *unter* sich wahrnehmen zu können.

Die ersten Kletterversuche macht das Kind meist auf einer Treppe: Stufe für Stufe gelingt es ihm, nach oben kommen, aber: Wie kommt man dann wieder herunter? Am besten geht es rückwärts, einfach den gleichen Weg wieder zurück. Die Treppe ist ein hervorragender Übungsort für das Klettern. Hier kann man mit den Füßen vorsichtig den Weg ertasten, eine sichere Auftrittsfläche suchen, Arme und Beine koordinieren, schrittweise nach oben kommen und jederzeit wieder umkehren.

Orte zum Klettern

Klettern kann man an vielen Orten, nicht nur auf Bäume und Klettergerüste, sondern auch auf Mauern, Steinhaufen, Zäune, ja, sogar auf Garagendächer, nur – erlaubt ist es nicht überall.

Die Umwelt, in der Kinder heute aufwachsen, ist größtenteils planiert, asphaltiert, begradigt und eingeebnet. Klettern ist auf die Klettergerüste auf dem Spielplatz beschränkt. Natürliche Spielgelegenheiten sind kaum mehr zu finden, und selbst ein Baum, der sich zum Klettern eignet, ist eine Seltenheit. Aber – wo Kinder keine Gelegenheiten zum Klettern vorfinden, schaffen sie sich selber welche: Eine Leiter wird so an andere Gegenstände (Tisch, Bank) angelehnt, daß ein Klettersteg entsteht. Am Ast eines Baumes befestigen sie ein Tau, an dem man wie Tarzan schwingen kann. Seile werden von einem zum anderen Baum gespannt, so daß man auf ihnen balancieren oder Stufe für Stufe höherklettern kann.

Und wenn der Baum das Klettern nicht erlaubt, tut's vielleicht auch ein Brett, das an einen Baum angelehnt wird. Autoreifen von unterschiedlicher Größe werden aufeinandergestapelt, so daß sich Treppenstufen ergeben, über die die Kinder auf oder in den Reifenturm gelangen.

Klettergelegenheiten finden sich aber nicht nur im Freien, sondern auch *in* den Räumen: Polster, die aufeinandergestapelt werden können, Leitern an Emporen, ein Seil, das an der Decke an einem – sicher befestigten – Haken angebracht ist.

Kinder entdecken Klettergelegenheiten meist ohne daß sie von Erwachsenen darauf aufmerksam gemacht werden mußten. Wenn die Einrichtung des Gruppen- oder des Bewegungsraumes Klettern ermöglicht, nehmen vielleicht die von Erzieherinnen weniger gern gesehenen waghalsigen Kletterpartien an Treppen, auf Fensterbänken und über Tische und Stühle ab.

Den eigenen Körper erfahren

Klettern und Balancieren, Steigen und Springen stellen Grundbewegungsformen dar, bei denen Kinder wichtige Körpererfahrungen machen.

Beim Klettern beispielsweise werden Arme und Beine bei der Fortbewegung gleichermaßen eingesetzt: Ihre Bewegungen müssen aufeinander abgestimmt, koordiniert werden. Das Krabbeln und Kriechen am Boden wird gleichsam aus der waagerechten in die senkrechte Ebene verlegt und so eine neue Raumdimension sinnlich erfahren. Das Gleichgewicht muß mit den Händen gesichert werden. Die Griffsicherheit der Hände und die Trittfestigkeit der Füße spielen zusammen.

Daher ist das Klettern auch hinsichtlich seiner körperlichen Beanspruchungen höchst anspruchsvoll: Es unterstützt die Entwicklung von Kraft und Koordination. Wenn Kinder ihr eigenes Gewicht zu halten versuchen, sich abstützen, hängen, steigen und sich auf schmaler Unterstützungsfläche im Gleichgewicht halten, bringt dies alles nicht nur einen Zuwachs der muskulären Kraft, sondern auch der Geschicklichkeit mit sich.

Selbstvertrauen kommt von „sich etwas trauen"

Klettern erfordert Mut: Man lernt, Gefahren einzuschätzen, sich darauf einzustellen, die eigenen Grenzen zu finden. Beim Klettern machen Kinder daher unersetzliche Erfahrungen: sich anstrengen, sich etwas zutrauen, sich einschätzen können, Angst überwinden, Lust empfinden. Gerade die Balance zwischen Angst und Lust scheint für sie besonders reizvoll zu sein. So machen sie die Erfahrung, nicht hilflos zu sein, sondern sich selbst helfen zu können.

Klettern ist für Kinder eine durch und durch sinnvolle Betätigung; nichts, was ein Erwachsener angeordnet hat oder was irgendwie wichtig ist. Gerade weil viele Erwachsene es gar nicht so gerne sehen, wenn Kinder woanders als auf den Klettergerüsten der Spielplätze herumklettern, also auf Mauern balancieren oder das Garagendach erobern, hat es für die Kinder einen besonderen Reiz, wenn die eigenen Kräfte – manchmal bis aufs äußerste – gefordert werden.

Sie lernen damit wichtige Voraussetzungen für ihr späteres Leben: selbst Verantwortung für sich zu übernehmen, selbständig werden – ohne Netz und doppelten Boden.

Dies waren Überlegungen, die Anlaß für ein Projekt zum Thema „Klettern" gaben. Die Überlegungen entstanden im Zusammenhang mit den Beobachtungen der Horterzieherinnen einer Kindertagesstätte: Selbst bei den 10jährigen gehörte das Klettern zu den Dauerbrennern – sie waren sich aber oft nicht sicher, welches Maß an Kletterkünsten der Kinder sie noch zulassen konnten. In der Diskussion im Team wurde der Entschluß gefaßt: In der Kindertagesstätte gab es viel zu wenig – erlaubte – Klettermöglichkeiten. Hier sollte sich etwas ändern.

Was war vorhanden:
Im Bewegungsraum: Eine Sprossenwand, die vor allem von den jüngeren Kindern intensiv genutzt wurde.
Auf dem Außengelände: Ein Klettergerüst aus Stahlrohren, eine Schaukelkombination mit einer Gitterleiter.

Und dann gab es natürlich noch die vielen unerlaubten Orte, die von den Kindern zum Klettern genutzt wurden: Die Mauer, die eine Seite des Kindergartengeländes abschloß, der Gartenzaun, der an die vorbeiführende Straße grenzte, zwei Bäume, deren Äste eigentlich viel zu hoch waren, um sie als Kletterbäume freizugeben. Die Erzieherinnen guckten bewußt weg, wenn sich ein paar (Hort-)Kinder hier aufhielten.

Für die jüngeren waren die Treppen und Stufen ein Anreiz zum Steigen, Springen und Klettern, für die etwas älteren fehlten aber sowohl in den Innenräumen, vor allem aber in den Außenräumen, Klettermöglichkeiten.

Folgende Ideen wurden – gemeinsam mit den Kindern und in Zusammenarbeit mit den Eltern – verwirklicht:

Ohne Netz und doppelten Boden

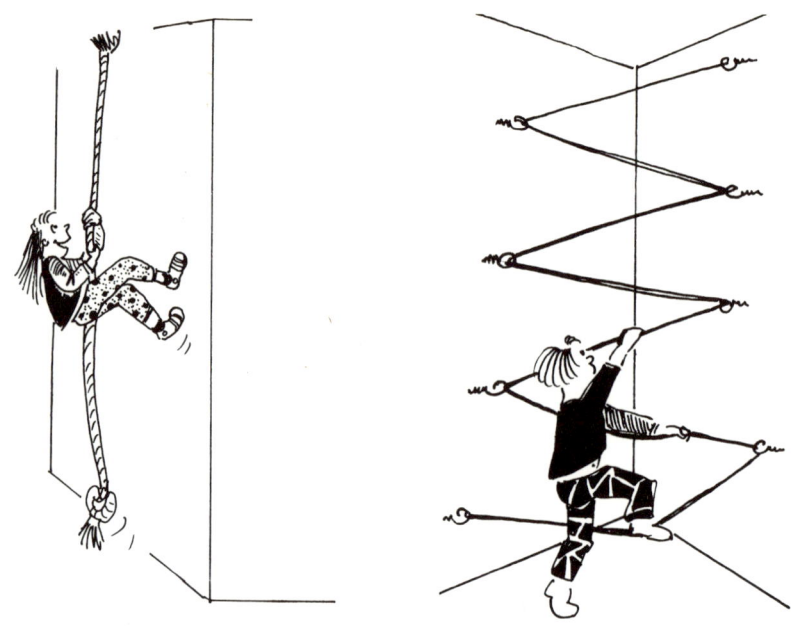

Innenräume

- Im Bewegungsraum wurden an der Wand in unterschiedlichen Höhen Haken angebracht, an denen dicke Taue oder stabile Seile waagerecht und diagonal befestigt werden konnten.
- Eine ähnliche Konstruktion entstand auch in einer Ecke des Eingangsbereichs. Die Kletterecke im Bewegungsraum war ständig von Kindern „belagert". Zu viele Kletterer störten sich gegenseitig, so daß die Ecke im Flur – zwar etwas platzsparender gestaltet – einen willkommenen Ausweichort bot.
- In einem Gruppenraum gab es eine Galerie, zu der eine Treppe hochführte. An der Decke über der Galerie wurde – nicht weit von der Treppe entfernt – ein dickes Tau so angebracht, daß es neben dem Geländer der Galerie hing. Für den Weg nach unten konnte nun auch das Tau anstelle der Treppe benutzt werden. Einige Kinder versuchten auch, über das Tau nach oben zu klettern; das gelang aber nur mit sehr viel Mühe. Hilfe konnte die Treppe geben, an der sich die Kinder mit den Füßen abstützten.

Auf dem Außenspielgelände

Zur Zeit ist das Außenspielgelände im „Planungsstadium". Noch sammeln Erzieherinnen, Eltern und Kinder Ideen, wie draußen eine Kletterlandschaft entstehen könnte. Da die beiden große Bäume auf dem Außenspielgelände zu hoch zum Klettern erscheinen, wollen sich einige Eltern darum bemühen, einen gerodeten Baum zu erstehen, der – liegend – sowohl zum Klettern als auch zum Balancieren genutzt werden kann.

Verwirklicht wurde bereits eine Idee, für die man zwei Bäume braucht, die nah zusammenstehen müssen:

Seilbrücken

Zwischen den zwei Bäumen wurden feste Seile (Taue) hin und her gespannt: Auf dem einen Seil konnte man z. B. balancieren und sich dabei an dem anderen festhalten.

Der größte Wunsch der Kinder war ein Baumhaus. Insbesondere die Hortkinder hatten den Wunsch schon vielfach geäußert und auch bereits in eigener Initiative versucht, auf den Bäumen des Außenspielgeländes ein Baumhaus zu errichten. Den Erzieherinnen waren ihre Konstruktionen allerdings zu gefährlich: Die Bretter in den Ästen des Baumes sahen nicht sehr vertrauenserweckend aus, ganz sicher hätte eine solche selbstorganisierte Bauaktion nicht den Sicherheitsbestimmungen einer Kindertagesstätte entsprochen.

So wurde geprüft, wie ein Baumhaus gebaut sein muß, damit es einerseits den Vorstellungen der Kinder entspricht, andererseits aber auch die Sicherheitsauflagen erfüllt.

Karin Schaffner (Kindergarten Christuskirche, Schweinfurt)
berichtet über ein langfristig angelegtes Projekt, bei dem das Klettern – drinnen und draußen – im Vordergrund stand:

Die Welt aus verschiedenen Perspektiven betrachten

Als Team eines Modellkindergartens für Bewegung dachten wir wieder einmal darüber nach, wie wir die Bewegungssituation unserer Kinder weiter verbessern könnten, und kamen auf die Idee, in allen

Gruppenräumen Einbauten zu installieren mit verschiedenen Spielebenen, Treppen, Leitern und Schrägen, um auch am Boden mehr Platz zu gewinnen für Bewegungsangebote. Wir überlegten, welche Vorteile diese Einbauten noch haben könnten, und fanden die verschiedenen Blickwinkel, Sichtweisen und Perspektiven auf den Gruppenraum äußerst reizvoll. Glücklicherweise war unter den Kindergarteneltern ein Vater, der von Beruf Holztechniker war und eine Holzfirma betrieb. Ihn fragten wir, ob und zu welchen Konditionen er bei dem Projekt mitmachen würde.

Es hat – aus finanziellen Gründen – drei Jahre gedauert, bis in den drei Gruppenräumen die Einbauten standen.

Unser Holztechniker hat mit uns Pläne erstellt, hat alles im Baukastensystem vorbereitet und geliefert. Die Eltern haben mehrere Wochenenden geopfert und alles eingebaut. Das Kindergartenteam hat für die Brotzeiten gesorgt und geholfen.

Pro Einbau haben wir zwischen 4000,– und 6000,– DM bezahlt.

Die Finanzierung haben wir mit Hilfe der Eltern und der Kinder bewerkstelligt:

Die Kinder haben bei Wettbewerben mit ihren Bildern 1. Preise gewonnen (z. B. bei einem Versandhaus), wir haben bei zwei Umweltwettbewerben 1. Preise gewonnen, die wir sofort in Geld umgesetzt haben. Die Eltern haben Flohmärkte, Tombolen und Bastelverkäufe organisiert, und nach drei Jahren konnten wir beim zwanzigjährigen Jubiläum des Kindergartens bei einem „Tag der offenen Tür" unser Gemeinschaftswerk stolz der Öffentlichkeit präsentieren.

Die allgemeine Begeisterung war groß, vor allem aber die der Kinder und ihrer Eltern.

Die Einbauten sind als „fränkisches Dorf", „Ritterburg" und „Schiff" konzipiert. Die Kinder können aus kleinen Fenstern, Bullaugen oder zwischen den Zinnen hindurch das Geschehen im Gruppenraum beobachten. Sie schauen durch lange „Fernrohre" (Architektenrollen) nach „Feinden" aus oder beobachten durch „Keller- und Maschinenraumluken" die anderen Kinder.

In zwei Punkten mußten wir Nachbesserungen vornehmen:

1. Wir haben alles mit Teppichboden belegt, um den Lärmpegel zu senken.

Ohne Netz und doppelten Boden

2. Da wir auch die „Baustelle" nach oben verlegt hatten, haben wir diesen Bereich mit Plexiglas abgesichert, damit kein Unfall durch herabfallende Bausteine passieren konnte.

Unsere Idee, den Kindern neue Ausblicke und Perspektiven zu ermöglichen, haben wir weiterverfolgt:

Kletterwände und -taue wurden so angebracht, daß die Kinder von ganz oben durch Lichtbänder-Fenster die Straße beobachten können. Wenn draußen etwas los ist – z. B. eine Baustelle –, haben manche Kinder einen Dauerlogenplatz am Tau unter der Decke.

Im Garten haben wir einen Kletterbaum; in allen übrigen Bäumen hängen Taue zum Klettern.

Das Tollste sind aber jedes Jahr unsere Ausflüge, z. B. in und auf das Rathaus oder in den Kirchturm unserer Kirche. Wie sieht die Welt da so klein aus; die Erzieherin im Garten ist scheinbar so groß „wie ein Kind". Beim letzten Kirchturmbesuch hat es den Kindern viel Spaß gemacht, Ahornsamen hinuntersegeln zu lassen. Die gefährliche Kreuzung vor der Kirche sah „gar nicht gefährlich aus", und die Autos wirkten wie „Spielzeugautos".

Literaturhinweise

HOHENAUER, P.: Spielplatzgestaltung – naturnah und kindgerecht. Wiesbaden 1995
KÜHNE, T.: Gegen Frustration und Langeweile: „Abenteuer Hüttenbau". In: Kühne, T./Regel, G. (Hrsg.): Erlebnisorientiertes Lernen im offenen Kindergarten. Hamburg 1996, S. 115–134
SCHNEIDER, K.: Krippenbilder. Berlin 1989

4.8 Natur erleben – Naturspielräume entdecken

Draußen spielen – das riecht nach Freiheit, nach Rennen, Toben, Bauen, Klettern, Matschen ... nach sinnenreichem und sinnvollem Spiel. Draußen darf man laut sein, sich schmutzig machen, in der Erde wühlen – jedenfalls meistens. Draußen sind andere Kinder, Spielgefährten, mit denen man gemeinsam Pläne entwerfen, Risiken suchen, Gefahren meistern kann.

Die Spielbedürfnisse von Kindern lassen sich am ehesten draußen befriedigen mit einem Spielgelände, das die sinnliche Begegnung mit der Natur, den Umgang mit Holz, Wasser, Lehm, Sand, Erde etc. ermöglicht.

Das Außenspielgelände

Die Natur beginnt auf dem Außenspielgelände des Kindergartens. Hier kann – auch wenn das Gelände gestaltet und mit Spielgeräten ausgestattet ist, durch die sinnen-volle Auseinandersetzung mit Naturphänomenen und -elementen die ganzheitliche Entwicklung der Kinder besonders vielseitig gefördert werden.

Die in den vergangenen Jahren zu beobachtende verstärkte Hinwendung zu Naturspielräumen, die Forderung nach naturnaher Gestaltung von Spielflächen kann als Merkmal eines „Sinnes-Wandels" der pädagogischen Arbeit im Kindergarten betrachtet werden.

Allerdings darf diese Forderung nicht zu einem Dogma werden, nach dem jede Rutsche und jede Schaukel vom Kindergartengelände verbannt wird, weil es keine „natürlichen" Spielgeräte sind.

Auch Geräte vermitteln intensive Sinneserfahrungen: Um es mit einer Rutsche aufnehmen zu können, bedarf es in der Natur zumindest der Existenz von Schnee oder Eis – und dann sind die Erlebnisse auf wenige Tage und Wochen im Jahr beschränkt.

Natur und Spielgeräte können sich gegenseitig ergänzen. Manchmal gelingt es auch erst über die Anziehungskraft der Spielgeräte, das Interesse der Kinder an der Natur zu wecken.

Das Leben und Lernen mit allen Sinnen stellt auch das NATURSCHUTZZENTRUM NORDRHEIN-WESTFALEN (1991, 8) in den Mittelpunkt seiner Empfehlungen zur Gestaltung des Außengeländes von Kindergärten. Es stellt u. a. folgende Kriterien auf:

- Das Gelände sollte labyrinthhaft verbundene Spielräume enthalten, die die Sinne, Bewegungen, Phantasie und Tätigkeiten der Kinder auf verschiedene Weise stimulieren.
- Pflanzen und Naturmaterialien sollten in den einzelnen Spielräumen unterschiedliche Atmosphären schaffen. Die atmosphärische Wirkung dieser Räume sollte den Kindern Wärme und Geborgenheit vermitteln.
- Elementare Spielmaterialien wie Erde, Pflanzenteile, Holzmaterialien oder Wasser sollten das freie Spiel der Kinder anregen.
- Die Gestaltung des Außengeländes sollte Kinder befähigen, Lebens- und Wachstumsprozesse wahrzunehmen und persönlich bedeutsame Beziehungen zu Pflanzen, Tieren und anderen Naturelementen zu entwickeln.
- Das Spielgelände sollte Räume für gärtnerisches und handwerkliches Gestalten enthalten. Körperliche Arbeit sollte Kinder bestärkende Selbsterfahrungen und Erfolgserlebnisse vermitteln.
- Hügel, Gruben, Kletterbäume und Balancierstämme sollten die motorische Geschicklichkeit fördern und den Gleichgewichtssinn erleben lassen.
- Mit Naturmaterialien und Pflanzen gestaltete Wege und Räume sollten differenzierte Wahrnehmungen ermöglichen.

Beispiele für sinnenreiche Erlebnisräume:

Sinnespfad

Mit den Kindern kann z. B. im Rahmen eines Projektes ein Sinnespfad angelegt werden. Ein ca. 50 cm breiter Weg wird mit Zweigen oder Sand markiert und in ca. 1 m lange Abschnitte unterteilt. Jedes Kästchen wird nun mit unterschiedlichen Materialien belegt: Kieselsteine, Moos, Sand, Laub, Zweige, Gras, Steine, Kastanien etc. Das Material wird von den Kindern selbst gesammelt, jede Kleingruppe soll ein Kästchen mit einem Belag füllen.

Um den Weg richtig fühlen zu können, muß man ihn barfuß begehen. Zuerst sehend und dann vielleicht einmal mit geschlossenen Augen. Mit oder ohne Führung. Gelingt es herauszufinden, auf welchem „Naturteppichbelag" man sich gerade befindet?

Von drei umfangreicheren Projekten, die sich mit Sinneserfahrungen auf dem Außenspielgelände befaßten, berichtet *Karin Schaffner, Kindergarten Christuskirche, Schweinfurt:*

Unsere Bäume im Kindergarten

Wir haben das große Glück, mehrere – auch sehr schöne, alte – Bäume im Kindergarten-Garten zu haben: Ahorn, Linde, Kastanie, Platane, Blutpflaume, Zwetschge und Apfelbaum.

Immer wieder mußten wir beobachten, wie einzelne Kinder die Bäume schlecht behandelten. Sie rissen Teile der Rinde ab oder schlugen mit Stöcken Blüten und Blätter ab.

Bäume kann man nicht nur sehen. Man kann sie hören, wenn der Wind in ihnen rauscht, man kann sie riechen, wenn sie blühen oder wenn ihre Blätter im Herbst vermodern, man kann sie fühlen, wenn man die Rinde des Stammes betastet oder sich mit dem Rücken an sie lehnt, man kann sie schmecken, wenn z. B. Äpfel und Zwetschgen geerntet werden, und man kann beim Klettern auf ihnen sein Gleichgewicht ausbalancieren oder die Welt von oben betrachten.

Bäume sind lebendig und verändern sich im Jahreslauf. Dafür wollten wir die Kinder stärker sensibilisieren.

Wir begannen die Bäume regelmäßig zu besuchen und sie zu beobachten.

Inzwischen wußten die Kinder, daß die Knospen für das kommende Jahr schon im Herbst gebildet werden, daß Kastanienknospen dicker als andere Knospen und sehr klebrig sind, daß die Knospen des Apfelbaumes einen zarten Flaum haben, und sie warteten gespannt darauf, welcher Baum seine Knospen als erster öffnete.

Auch die Blüten der einzelnen Bäume sind sehr unterschiedlich. Die Blutpflaume, unser Kletterbaum, sieht aus wie eine große, rosa Wolke, die Blüten des Kastanienbaumes haben eine seltsame Kerzenform, und unter dem Lindenbaum duftet, summt und brummt es.

Auch die Blätter unserer Bäume sehen sehr verschieden aus; sie segeln auch sehr unterschiedlich zu Boden. Jedes Jahr im Herbst fand nun eine „Blätterturnstunde" statt. Dann wurde ein ganzer Sack Blätter draußen gesammelt und in die Turnhalle gebracht. Dort wurde z. B. das Segelverhalten der Blätter verglichen und nachgeahmt.

Die Stämme der Bäume sind verschieden dick. Manche kann ein Kind alleine umarmen, bei anderen müssen sich zwei Kinder zusammentun. Die Rinde fühlt sich sehr unterschiedlich an; die Wetterseite der einzelnen Bäume ist grün bemoost.

Noch interessanter sind die Früchte der Bäume. Aus den Ahornfrüchten entstanden lustige „Nasenzwicker", aus den Kastanien ließen sich die schönsten Sachen basteln.

Jedes Jahr im Frühjahr und Herbst bauen wir im Foyer des Kindergartens eine Ausstellung auf, in der wir allen Besuchern unsere Kindergartenpflanzen (Blumen, Büsche, Bäume im Garten) vorstellen – im Frühjahr blühend und im Herbst mit ihren Früchten. Die Pflanzen stehen in kleinen Vasen, mit dem jeweiligen Namen auf einem kleinen Schildchen davor.

Diese Ausstellungen werden von Eltern und Kindern sehr beachtet und geschätzt, sie stehen davor, schauen, lesen, vergleichen und sprechen miteinander darüber.

Deshalb sind diese Ausstellungen bei uns ein Dauerbrenner.

Unsere Kinder lieben inzwischen ihre Bäume und gehen sorgsam mit ihnen um. Nur der Kletterbaum muß einiges aushalten. Oft turnen ganz viele Kinder gleichzeitig in ihm herum.

Vielleicht gefällt es ihm?

Jedes Frühjahr erfreut er uns jedenfalls mit seiner Blütenpracht und verwandelt sich in eine große, rosa Wolke.

Die Matschecke / Baustelle

Seit vielen Jahren können unsere Kinder mit Sand und Wasser spielen, können verschiedene Fußfühlstraßen mit ihren „Barfüßen" besuchen oder die verschiedenen Materialien an der Tastwand mit den Händen ertasten und vergleichen.

Läßt sich dieses Angebot noch verbessern oder steigern?

Unsere Kinder ließen sich immer wieder an Stellen nieder, wo keine Wiese (mehr) war, wo die Erde sichtbar war oder nach dem Re-

Beispiele für Projekte: Sinnes(t)räume – im Kindergarten und in der freien Natur

gen Pfützen standen. Dort schabten, schaufelten und matschten sie und wurden von uns vertrieben, wegen der möglichen Unfallgefährdung.

Irgendwann hatte eine Kollegin die Idee, den Kindern das Matschen mit Erde und Wasser an einer bisher kaum genutzten Stelle im Garten zu ermöglichen.

Das Team war begeistert und überlegte, was anzuschaffen wäre. Schnell merkten wir, daß unsere geplante Matschecke wohl eher eine Baustelle werden würde.

Folgende Materialien ließen wir von den Eltern/Kindern herbeischaffen – und alle brachten etwas mit: Backsteine, Ytongsteine, Ziegelsteine, Bretter verschiedener Länge und Breite, Drainagerohre verschiedener Länge, Schläuche, einen Wasserschlauch, Gießkannen, verschiedene Kellen, große und kleine Schaufeln, eine Wasserwaage, Rechen, Arbeitshelme, Ölzeug-Mäntel (Kindergröße). Kacheln sind nicht geeignet, da sie leicht kaputt gehen und dann zu scharfkantigen Scherben und Splittern werden.

Wir haben die Matschecke/Baustelle anfangs mit rotweißem Absperrband markiert und mit den Kindern verabredet, daß – wie bei echten Baustellen – das Baumaterial immer auf der Baustelle zu bleiben hat und sonst nirgendwo im Garten. Den Kindern war das klar, denn wir besuchen des öfteren Baustellen bei unseren Spaziergängen.

Unseren engagierten Eltern war aber die Absperrung zu einfach. Sie bastelten rotweiße Balken, dazugehörige, dreibeinige „Böcke" und „echte" Baustellen-Schilder.

Jedes angeschleppte Teil wurde gemeinsam begutachtet und auf seine Verwendbarkeit oder Funktionsweise untersucht (Wasserwaage, Kellen usw.).

Die Kinder hatten und haben phantastische Ideen. Sie verlegten an der schrägen Ebene unterirdisch ein Drainagerohr, ließen oben Wasser einlaufen und beobachteten die Erde am unteren Rohrende. Wird sie matschig? – Sie füllten die große Kuhle mit Wasser und bauten Brücken darüber. Beim anschließenden Test hatten schon viele Brücken ihre Bewährungsprobe bestanden. Aber nicht alle sind trockenen Fußes hinübergekommen, und einer saß tatsächlich – weil die Brücke zu wackelig war – bis zum Bauch in den trüben Fluten. Zum Glück hat-

ten wir für solche Fälle Ersatzkleider. – Die Kinder bauten aber auch mit „Mörtel" und Kelle richtige Mauern. Sie hatten immer neue Ideen und hielten sich immer an unsere Vereinbarung.
Die Matschecke/Baustelle wurde von Jungen und Mädchen begeistert angenommen. Es waren darunter einige Kinder, die sich immer ganz besonders und gern dreckig machten; einer suhlte sich gar mit Wonne im Matsch (in Badehose).
Die Eltern reagierten überwiegend verständnisvoll. Anfangs waren es vor allem dreckige und ruinierte Schuhe, die Ärger verursachten. Seitdem mußten Gummistiefel angezogen werden, die im Kindergarten bereitstanden.

Wir haben festgestellt, daß es ein großer Unterschied ist, ob die Kinder mit Sand und Wasser oder mit Erde und Wasser spielen können. Erde und Wasser bieten unendlich viel mehr Handlungsspielraum und Erfahrungen.

Der Summstein

Der Kindergarten Christuskirche in Schweinfurt ist ein Modellprojekt der Bayerischen Sportjugend. In unserem Bewegungskindergarten ist Körper- und Sinneswahrnehmung zur fächerübergreifenden pädagogischen Leitidee geworden.

Klar, daß auch wir selbst Augen und Ohren offen hatten, als in Nürnberg das „Erfahrungsfeld zur Entfaltung der Sinne" zu neuen Sinneserfahrungen einlud, und so planten wir unseren Betriebsausflug entsprechend: Wir fuhren nach Nürnberg auf die Wöhrder Wiese.

Wir besuchten eine Tastgalerie, einen Fußerfahrungspfad, wir konnten balancieren, schwingen, fühlen, sehen, riechen und hören. Insgesamt waren es 60 Stationen, die wir natürlich nicht alle besuchten. An einer Station stand der Summstein, ein großer, innen ausgehöhlter Stein, dem unsere besondere Neugierde galt. Im Programmheft stand: „Die Stimme summt ... Den Kopf in einen steinernen Hohlraum gesteckt, tief Luft geholt und dann locker gesummt – da bekommt der eigene Ton ganz neue Dimensionen: Der Körper summt (schwingt) mit. Schnell läßt sich auch herausfinden, was der eigene ‚gute' Ton ist." Wir summten und brummten und hatten viel Spaß!

Natur erleben – Naturspielräume entdecken

Am nächsten Tag berichteten wir Kindern und Eltern von unseren Erfahrungen. Besonders der Summstein ging uns nicht aus dem Kopf. Was er wohl kosten würde?

Wir gingen mit Fotos zum Steinmetz, und das war gut so, denn unter einem Summstein konnte er sich nichts vorstellen. Er empfahl uns weichen, fränkischen Kalksandstein und bot an, den Stein (maschinell) auszuhöhlen, von außen zu bearbeiten, damit er schöner aussähe und im Kindergarten-Garten aufzustellen. Kosten (Selbstkostenpreis!!!): 500,- DM ohne Fundament. Nun traten die Eltern in Aktion. Sie veranstalteten in den Gemeinderäumen einen Kinderkleider- und Spielzeugmarkt und erwirtschafteten 400,- DM, die sie uns spendeten. Eine weitere Spende von 270,- DM lag noch auf der hohen Kante.

Wir bestellten den Summstein.

Der Elternbeiratsvorsitzende hat nach Rücksprache mit dem Steinmetz an der vorgesehenen Stelle das Fundament gegossen und das Gelände abgesperrt. Nach einigen Tagen war das Fundament fest, und wir warteten auf den Summstein.

Endlich kam der Anruf: „Euer Singstein ist fertig!"
„Summstein, Summstein!" – „Also gut, Summstein."

Alle Kinder und Erzieherinnen schauten vom Fenster aus zu, als erst der Steinsockel und dann der Summstein hertransportiert wurden. Wir sahen und hörten, wie der Sockel mit einer Steinsäge und ohrenbetäubendem Lärm auf die richtige Höhe gesägt wurde. Der Steinmetz war in dichten weißen Staub gehüllt, der sich allmählich auf unsere grüne Wiese senkte. Dann wurde der Sockel auf das Fundament gestellt und verdübelt. Auf den Sockel kam – ebenfalls verdübelt – der Summstein.

Da stand er nun; jetzt gab es kein Halten mehr. Die Kinder wollten summen.

Inzwischen war auch die verständigte Presse da und konnte die Kinder beim Summen fotografieren.

Der Summstein ist „angenommen". Neben den Kindern stecken auch Eltern oder Besucher gerne mal zum Summen ihren Kopf hinein.

4.9 Wie die Kinder den Wald entdecken

Lernerfahrungen besonderer Art ermöglicht die unmittelbare Begegnung der Kinder mit der Natur. Diese Begegnung ist in der heutigen Lebenswelt der Kinder nicht mehr selbstverständlich, sie muß bewußt gesucht und geplant werden.

Der ideale Spielort für Kinder ist die ungestaltete Natur: Wald, Wiesen, brachliegende Flächen mit Hügeln, Bäumen, Steinen, Gräben und Pflanzen.

Hier werden die Kinder in ihren körperlichen Kräften, in all ihren Sinnen gefordert: über Gräben springen, einen Bach mit Ästen und

Brettern zu überbrücken versuchen, Hügel und Bäume erklettern, Steine sammeln und mit ihnen Mauern bauen, hinter Pflanzen und Bäumen Verstecken spielen, in der Baumkrone einen Hochsitz errichten ... und sich bei all dem mit den Gesetzmäßigkeiten der Natur auseinandersetzen, sich anpassen, sich anstrengen und sich verausgaben. Auf diese Weise machen die Kinder echte, authentische Erfahrungen, Erfahrungen über ihr Selbst und über ihre Mitwelt.

Die Kinder erleben sich auf diese Weise als Teil einer lebendigen Welt, in der sie ihren Platz haben, auf die sie einwirken und die sie verändern können, der andererseits aber auch auf sie selbst einwirkt und sie zum Tun herausfordert.

In Projekten kann die Umgebung des Kindergartens zum Spielgelände und Lernort gemacht werden, hier können neue Begegnungen mit Wald, Wiesen, unbebauten Grundstücken ermöglicht werden.

Oft muß bei den Kindern das Interesse an der Natur, an ihrem natürlichen Umfeld erst (wieder) geweckt werden.

Der Wald als Bewegungs- und Erfahrungsraum

Im Vordergrund des folgenden Abschnittes steht der Wald.

Zunächst werden einige Spielideen vorgestellt, die dazu beitragen können, daß Kinder den Wald bewußt wahrnehmen, daß sie ihn in seiner Eigenschaft als Spiel- und Bewegungsort für Kinder, aber auch als Lebensraum für Pflanzen und Tiere entdecken.

Die erste Frage, die es vor dem Start eines solchen Projektes zu lösen gilt: Wo befindet sich in nicht allzu weiter Entfernung vom Kindergarten ein Wald, der sich für das Spielen und Entdecken eignet?

Wer muß eventuell um Erlaubnis gefragt werden (Forstamt, Gemeinde, privater Waldbesitzer)? Welche Eltern sind zur Mitarbeit bereit – auch als Begleitung, denn bei einem Ausflug in den Wald sollten je nach Größe der Gruppe mindestens zwei bis drei Erwachsene als Begleitpersonen teilnehmen.

Zunächst gilt es, ein Waldstück auszusuchen, das sich für ein solches Vorhaben eignet. Es sollte möglichst frei von Unterholz sein, am besten hohe Bäume haben, die auch Regenschutz bieten können (even-

Beispiele für Projekte: Sinnes(t)räume – im Kindergarten und in der freien Natur

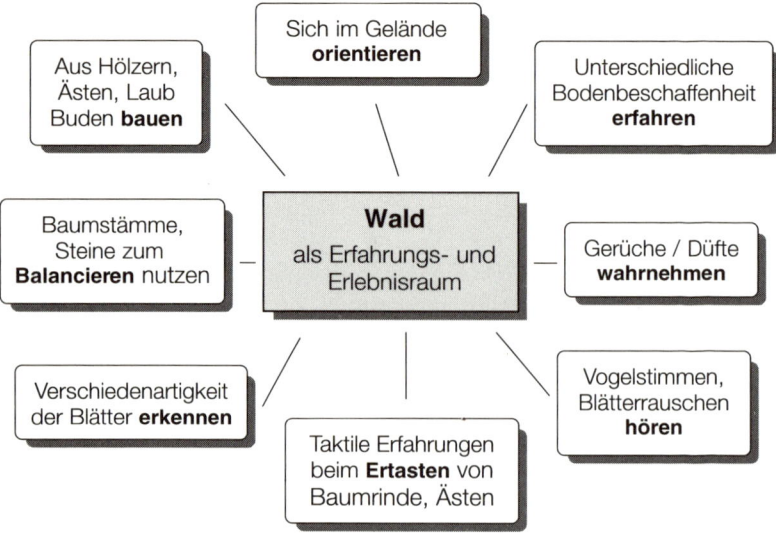

tuell mit Schnüren den Bereich abgrenzen, den die Kinder bei ihren Entdeckungsreisen nicht überschreiten sollten).

Der *Wald* bietet in jeder Jahreszeit ein neues Bild und neue Erfahrungen; in jeder Jahreszeit hat er andere Farben, andere Gerüche, andere Geräusche.

Selbst bei Regen gibt es im Wald viel zu entdecken: Welche Bäume bilden ein Dach, unter dem man nicht naß wird?

> Hinweis:
> Auf strapazierfähige „Arbeitskleidung" achten. Aus dem Wald kommt man nicht so wieder heraus, wie man hineingegangen ist. Rutschpartien auf dem Laub hinterlassen Spuren, Matschpfützen wollen durchwatet, nicht umgangen werden.

Spielideen: Beobachten

Spuren von Menschen, von Tieren finden

Welche Spuren haben die Tiere im Wald hinterlassen? Von welchen Tieren könnten die gefundenen Spuren stammen (Federn, Hasenköttel, Vogelnest, Stücke eines Geweihs ...)? Welche Spuren haben die Menschen im Wald hinterlassen (Plastiktüten, Papiertaschentücher, Bonbonpapiere ...)?

Mit einem großen Abfallsack (oder einem Leiterwagen) gehen die Kinder auf Abfallsuche: Was gehört in den Wald und was nicht?

(Und warum nicht? Auf Verrottungsprobleme hinweisen, Abfallverhalten besprechen).

Entdeckungen mit Lupe und Fernglas

Über die Eltern Lupen und Ferngläser ausleihen. Möglichst jedes Kind sollte eine Lupe oder ein Fernglas haben. Pflanzen, Gräser, Baumrinde o.ä. durch die Lupe betrachten. So kann man Dinge sehen, die man mit bloßem Auge nicht erkennen könnte: den wunderschön gezeichneten Panzer eines Käfers, die feinen Verästelungen eines Blattes, Kleinstlebewesen.

„Fernrohre"

Fernrohre kann man auch selber basteln: Zwei Toilettenpapierrollen aneinandergeklebt (mit Zwischenstück aus Pappe) ergeben ein Fernglas, eine Küchenpapierrolle ein Fernrohr, durch das man Vögel beobachten oder Ausschnitte aus dem Wald (Blätter, Gräser etc.) näher betrachten kann.

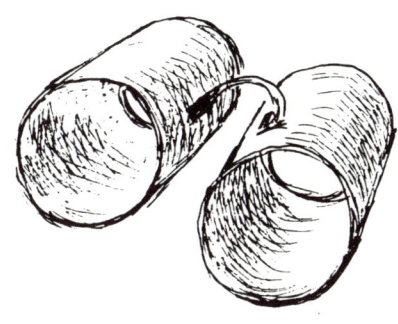

Durch diese „Ferngläser" oder „Fernrohre" werden Ausschnitte aus der Umwelt hervorgehoben, die dann intensiv betrachtet und beobachtet werden können.

Spielideen: Sammeln

Schätze sammeln

Blätter, Blumen, ein Stück Baumrinde, Tannenzapfen, Moos, Steine, Eicheln, Kräuter aus dem Wald mitbringen und im Kindergarten im Pflanzenbestimmungsbuch nachsehen, ob wir sie wiederfinden.
Oder: Die Gegenstände und Fundstücke so zusammenlegen und -stecken, daß ein Kunstwerk daraus wird. So können z. B. aus dem Material ein Miniaturgarten oder ein Spielplatzmodell auf einem Karton erstellt werden (mit Bäumen, Hängematte und Bachlauf; Gräser und Äste, die aufrecht stehen sollen, können in Knete oder Ton gesteckt werden).
Mit den Kindern besprechen, wie die Materialien so zusammengestellt werden können, daß eine erkennbare Gestalt daraus entsteht – also Materialien gruppieren, auf Höhenunterschiede achten.
Collagen erstellen.

Blätterschmuck

Aus Blättern kann man Kronen oder Ketten herstellen. Jedes Blatt wird mit Hilfe seines Stiels mit dem nächsten verbunden (durchstecken) – oder die Blätter mit Tannennadeln aneinander befestigen.

Spielideen: Suchen und Finden

Indianerpfad

Indianer schleichen lautlos durch den Wald, verstecken sich hinter Bäumen, belauschen und beobachten, sammeln „verdächtige" Dinge (die nicht in den Wald gehören …). Eine Gruppe von Kindern/mit Erzieherin legt Zeichen im Wald, markiert z. B. den Weg, eine andere Gruppe versucht, ihn zu finden.

Wald – Kim

Drei Dinge aus dem Wald werden den Kindern gezeigt, z. B. eine Eichel, ein Eichenblatt, ein Tannenzapfen. Jeweils zwei bis drei Kinder sollen versuchen, diese Gegenstände im Wald zu finden und an den gemeinsamen Treffpunkt zu bringen. Manchmal müssen die Kinder wiederkommen, um sich die Dinge neu einzuprägen. Sie bringen erste Fundsachen mit, um zu vergleichen.

Falsche Früchte

In einem abgegrenzten Waldstück ist ein Gegenstand an einem Ast aufgehängt, der nicht hierhergehört (z. B. ein Wollknäuel – das an einem „Wollbaum" wächst). Jeweils zwei Kinder gehen gemeinsam, eins hat die Augen verbunden und wird von dem sehenden Kind geführt. Es soll herausfinden, wo „falsche Früchte" wachsen.

„Mein Baum"

Zu Paaren: Einem der Kinder werden die Augen verbunden. Das andere Kind führt seinen Partner vorsichtig zu einem Baum (möglichst jedes Kind zu einem anderen Baum führen). Es darf den Stamm beta-

sten, an seiner Rinde riechen, den Umfang des Stammes umfassen, Besonderheiten wie Verästelungen oder den Untergrund um den Baum herum feststellen. Danach wird das „blinde" Kind zu dem gemeinsamen Sammelort zurückgebracht.

Nun soll jeder Blinde versuchen, mit offenen Augen seinen Baum wiederzufinden.

> Bei dieser Suche stellen die Kinder häufig fest, daß sie mit offenen Augen längst nicht so gut „sehen" können, wie sie es mit geschlossenen konnten. Um wirklich den Geruch des Baumes wiederzuerkennen, müssen sie die Augen schließen, und auch das Tasten vermittelt intensivere Eindrücke, wenn man sich auf diese Wahrnehmung konzentrieren kann.

Was unterscheidet die Bäume voneinander? Die Rinde von jungen Bäumen ist z. B. glatter als die von alten. Auch am Umfang kann man die Bäume erkennen.

Das ist die erste Auswahl: War es ein dicker oder ein dünner Baum, paßten meine Arme um seinen Stamm herum?

Spielideen: Tasten und Fühlen

Riesen-Blindschleiche

Alle Kinder schließen die Augen (besser noch: erhalten eine Augenbinde). Sie stehen hintereinander in einer Reihe und legen jeweils die Hände auf die Schultern des vorderen Kindes (nicht mehr als 10 Kinder hintereinander, sonst zwei oder mehrere Gruppen bilden).

Die Schlange wird von einem sehenden Erwachsenen angeführt und soll nun durch den Wald „schleichen". Vorsichtig gehen und bewußt darauf achten, ob man über weichen, harten, festen oder nachgiebigen Waldboden geht (eventuell auch barfuß, falls dies der Waldboden und die Witterung zulassen).

Der Weg führt über Moos, Tannennadeln, Blätter, Steine, Sand ...

Das „Blindsein" fällt leichter, wenn sich die Kinder lustige Masken gebastelt haben.

„Richtschnur"

Ein langer Wollfaden oder ein dünnes Seil werden von Baum zu Baum gespannt (dabei wird der Faden jeweils um die Bäume herumgeführt, so daß er Spannung hat). Besonders ungewiß wird der Weg, wenn verschiedene Höhen vorhanden sind. Der Faden dient als Wegweiser: Alle Teilnehmer sollen an dem Faden entlang von Baum zu Baum gehen und so den Weg finden.

Weitere Ideen:
- Vogelstimmen heraushören
- Nachtwanderung (in einer Vollmondnacht, damit möglichst keine Taschenlampen benötigt werden)
- Kräuter, Beeren sammeln (daraus Tee, Marmelade bereiten)
- eine Steinsammlung anlegen
- Tannenzapfen sammeln und ihre Unterschiede bestimmen

Die beiden folgenden Abschnitte enthalten Berichte von Erzieherinnen, die das Thema Natur und Wald als einen wesentlichen Teil ihrer pädagogischen Arbeit im Kindergarten betrachten. Zunächst wird ein Projekt „Waldtage" vorgestellt. Es wurde durchgeführt und beschrieben vom *Martinikindergarten in Melle*.

Ein etwas anderes Herangehen an Natur und Wald ist Zielsetzung eines Naturkindergartens, dessen Konzeption von Ursula Godemann vorgestellt wird. Sie beschreibt, was es bedeutet, wenn ein Kindergarten keine festen Räume, keine Wand und kein Dach mehr hat, wenn Kinder und Erzieherinnen den Wald als Sinneswerkstatt erleben.

Waldtage
(Martini-Kindergarten, Melle)

1. Wie kamen wir auf das Thema, die Idee?
Um die Natur bewußter erleben zu können, verbringen wir jeweils im Frühjahr und im Herbst drei Vormittage im Wald. Anlaß für diese Idee war die alltägliche Beobachtung, daß die meisten Kinder heute
- die nähere Umgebung ihres Wohnbereichs kaum mehr kennen;
- perfektioniertes Spielzeug im Überfluß haben;
- mit Naturmaterialien kaum etwas anzufangen wissen;
- sich immer weniger über einen längeren Zeitraum draußen aufhalten;
- kaum mehr Gelegenheit zum freien Spielen in der Natur haben.

Wir faßten daher den Entschluß, in regelmäßigen Zeitabständen „Waldtage" durchzuführen und uns dabei ausschließlich mit uns und mit den im Wald vorzufindenden natürlichen Materialien, Gegenständen, Bewegungsgelegenheiten zu beschäftigen. Um die Jahreszeiten

bewußt zu erleben, wurden die Waldtage nicht nur in einer Jahreszeit, sondern im Frühjahr und im Herbst durchgeführt.

2. Was war an Vorbereitungen notwendig?

Ein geeignetes Waldstück (zentrale Lage) mußte ausfindig gemacht werden.
In Gesprächen mit den Kindern wurden die Waldtage vorbereitet:
- Wie verhalte ich mich im Wald?
- Wie sieht mein Waldfrühstück aus?
- Kleidung (Gummistiefel, Regenjacke, Rucksack)
- Einladungen schreiben mit Wegbeschreibung zum Treffpunkt.

3. Welches Material mußten wir beschaffen?

- Bollerwagen
- Decken als Sitzgelegenheiten
- Lupen
- Mikroskope
- Fotoapparate und Ferngläser ausleihen.

4. Wie wurden die Kinder beteiligt?
Die Schwerpunkte der Ausflüge ergaben sich durch die besonderen Interessen und Vorlieben der Kinder.

5. Welche Mitarbeitsmöglichkeiten gab es für die Eltern?
- Fahrgemeinschaften bilden
- Kinder zum Treffpunkt bringen und abholen
- Kennenlernnachmittag für Eltern und Kinder im Wald.

6. Wie verlief die Durchführung?
Jede Gruppe suchte sich zunächst eine Waldstelle als Treffpunkt aus. Wir schrieben Einladungen.

Die Kinder wurden in Fahrgemeinschaften um 9.00 Uhr zum Treffpunkt gebracht. Dann wanderten wir in den Wald und hielten uns bis 11.45 Uhr dort auf.

Die Kinder wurden am Treffpunkt wieder abgeholt.

Wir verbrachten drei Vormittage im Wald und setzten für jeden Tag einen thematischen Schwerpunkt: z. B. Wasser, Pilze, Frösche, Schmetterlinge, mit allen Sinnen den Wald entdecken, Entdeckungsreise im Wald, Naturmaterialien.

Zu Beginn des Kindergartenjahres luden wir Eltern und Kinder zu einem Kennenlernnachmittag im Wald ein. Die Gruppen trafen sich an den Waldstellen, an denen sie auch die Waldvormittage verbringen würden. So war den Eltern Gelegenheit gegeben, sich mit den Waldstellen vertraut zu machen (Lage, Parkmöglichkeiten). Außerdem lernten sich Eltern und Kinder in der neuen Gruppenzusammensetzung kennen.

7. Wie war die Resonanz bei den Kindern, Kolleginnen, Eltern und in der Öffentlichkeit?
- positive Rückmeldungen, die Waldtage wurden von den Eltern sehr begrüßt;
- die Kinder beschäftigten sich auch nach den Waldtagen mit Naturmaterialien;
- die Erlebnisse und Erfahrungen wurden aufgearbeitet und vertieft;
- einige Eltern fuhren mit ihren Kindern von jetzt an an den Wochenenden in den Wald.

8. Welche Pannen und Probleme traten auf, was hätten wir besser machen können?
– Ersatzkleidung mitnehmen.

4.10 Naturkindergarten
(Ursula Godemann)

Wie kam es zu der Gründung eines Kindergartens ohne Dach und Wand, des Naturkindergartens des Landwege e.V. in Lübeck?

In Flensburg hatte der erste deutsche Waldkindergarten, nach dem Modell der dänischen Waldkindergärten, eröffnet. An diesem Vorgehen entflammte unsere Motivation, genau dies fehlte auch den Kindern in Lübeck. Wir wollten Kindern die Möglichkeit geben, in der Natur spielen zu können, über 3–4 Stunden täglich bei jedem Wetter, mit Ausnahme von Sturmtagen.

Also wurde an einem Frühlingstag am runden Küchentisch abgemacht: Wir gründen in Lübeck einen Naturkindergarten, einen Kindergarten ohne Dach und Wände! Für den sich anbietenden Trägerverein Landwege e.V., der sich unter anderem die Umweltbildung zum Ziel gesetzt hat, war die Gründung eines Kindergartens eine neue Herausforderung. Um den Kindern eine ausreichende Eingewöhnungszeit zu geben, wurde der Eröffnungstermin auf den 1. August 1994 gelegt. Wir stellten uns viele und hohe Ansprüche.

Da die Zeit drängte, orientierten wir uns an dem Konzept des Flensburger Waldkindergartens und ergänzten es, indem wir weitere Schwerpunkte auf Mitweltpädagogik und die gegenseitige Bereicherung von Kindern und ErzieherInnen legten. Die erste Aufgabe erschien uns als eine der schwierigsten. Wo war in Lübeck ein schöner, recht ursprünglicher Wald mit Bach, Unterholz, mit Blumen im Frühling, mit Anbindung an eine Buslinie zu finden? Auch sollte ein Telefonhäuschen in unmittelbarer Nähe sein.

Das Jugendministerium als Genehmigungsbehörde, das Jugend-, Forst-, Grünflächen-, Gesundheits-, Umweltamt wurden die Gesprächs- und Vertragspartner. Das Fachwissen einer der Beteiligten, die früher als Kindergartenleiterin tätig gewesen war, ermöglichte es uns, in Verhandlungen mit den Ämtern sehr gezielt zu arbeiten. Die deutsche Waldjugend erlaubte die Mitnutzung einer Waldhütte, denn bei plötzlichem Unwetter oder wenn nasse Füße nach trockenen Strümpfen und Stiefeln verlangten, mußte eine einfache, beheizbare Unterkunft bereitstehen. Ein Häuschen mit kompostierbarer Toilette wurde in der Nähe der Hütte mit Hilfe der Erzieherinnen und Kinder aufgestellt, Versicherungen wurden abgeschlossen, und es wurde Kontakt zu einem Kinderarzt zur Unterstützung in medizinischen Fragen aufgenommen. Zu meinem Leidwesen (ich bin Wohn- und Umweltberaterin) mußte ein Funktelefon für die Erzieherinnen angeschafft werden, zwar war der schöne Wald gefunden, doch ein Telefonhäuschen stand nicht in der Nähe. Für mich wurde eine einjährige AB-Maßnahme bewilligt, um die Organisation des Naturkindergartens zu übernehmen und einen Erfahrungsbericht zu schreiben. Wir freuten uns, als endlich die „wetterfesten" Erzieherinnen eingestellt waren und wir dann, einen Monat später als geplant, eröffnen konnten.

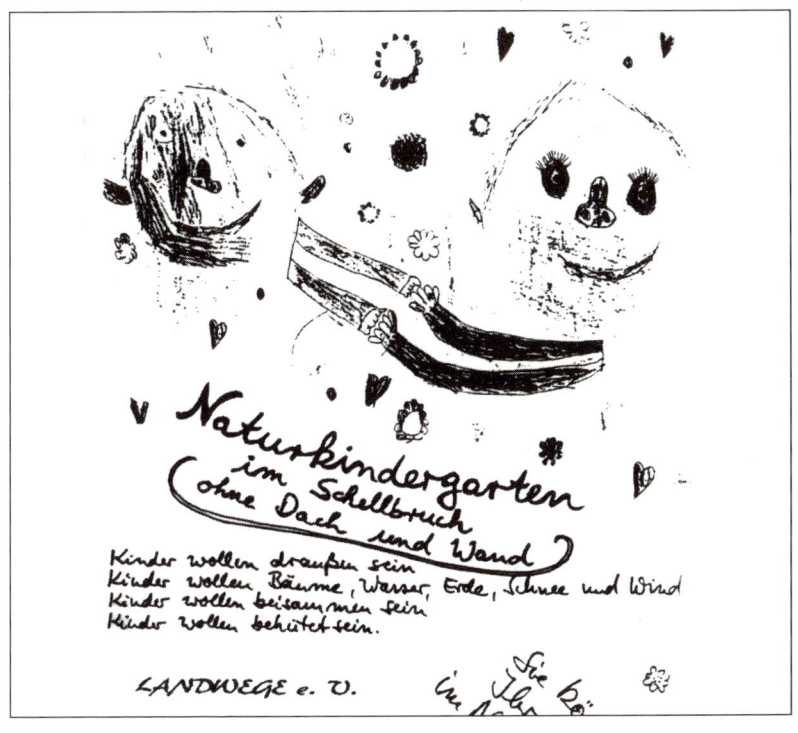

Mit Plakaten und Handzetteln wurde um Anmeldungen von Kindern geworben.

Peter Achten, Gründer des Freiburg Waldkindergartens, sagte so treffend in einem Interview: „101 Möglichkeiten haben die Kinder." Die Natur reizt die Kinder und das Kind im Erwachsenen mit verlockenden Herausforderungen, denn die „101 Möglichkeiten" bieten nicht geplante Erlebnisse, Überraschungen. Genau dies sind die prickelnden Ereignisse, die kleinen Abenteuer, welche das Leben bereichern, es mit etwas Herzklopfen aufblühen lassen. Erlebnisse in natürlichen Zusammenhängen lassen sich nicht in einen Zeitplan raffen, in dem man sich beispielsweise vornimmt, an einem bestimmten Tag durch den Wald zu wandern und dabei vorher Geplantes durchzuführen.

Wir Erwachsenen üben – was gar nicht leicht ist, weil man es sich über Jahre abtrainiert hat –, wieder Kind zu sein, langsam zu werden, hinzuschauen auf das für uns unscheinbar Gewordene, uns zu öffnen, uns einzulassen, statt hinter uns zu lassen. Wir müssen es üben, denn unsere Drei- und Vierjährigen können es noch, das ganz und gar Aufmerksamsein und Anwesendsein und das Staunen über das Selbstverständliche. Und wir versuchen dann, die Ideen der Kinder weiterzutragen und ihnen die Zeit und Spielräume zu lassen, die sie brauchen, um echte Beziehungen zu sich selbst und ihrem Wald aufzubauen. Die sie übrigens auch brauchen, um wirklich selbstbestimmend zu handeln und somit durch eigene Erfahrungen Mut und Selbstvertrauen zu gewinnen.

Eines Tages erlebte eine Erzieherin folgendes mit den Kindern im Wald: An einem Regentag bemerkten die Kinder, daß Wasser an einem Baumstamm herunterfloß. Sie hoben den Kopf, sahen in die Baumkrone und verfolgten das an der Baumrinde hinunterlaufende Rinnsal. Sie überlegten und staunten, und zwei von ihnen verglichen den Rindenbach mit einem Wasserfall. Sie guckten um den Baum herum, um zu sehen, ob nicht noch mehr Wasserfälle auf der anderen Seite herunterflossen, aber es war nur dieser eine auf der Vorderseite. Die Kinder gingen dicht an den Baum heran, formten ihre Hände zu Schalen und preßten sie so an den Baumstamm, daß das Wasser hineinfließen konnte. Mit dem aufgefangenen Wasser spritzten und sprühten die Kinder ordentlich herum.

Die Erzieherin kommentierte diese Szene so: „Ich habe nichts dazu gesagt. Die eigenen Überlegungen waren weitgehend genug. Mehr Erklärungen wären für die Kinder schwierig gewesen. Und sie fragten auch nichts."

Die Kinder waren hellwach und voll Tatendrang. Dieser Zustand kann durch fertige Antworten erlöschen. Er kann jedoch auch aufrechterhalten werden. Der Erwachsene gibt am besten keine oder sehr sparsame Erklärungen, er läßt Spannung aufkommen, läßt sie zu und geht sogar mit den Kindern auf Erkundungstour. Er hält das Interesse an der Situation aufrecht. Die Sinne der Kinder bleiben damit hellwach. Die Kinder haben ihre Freude und Begeisterung daran, die Antwort selber zu finden.

Der Wald als Sinneswerkstatt

Ab 1. Sept. 1994 zog nun die kleine Schar, vorerst noch begleitet von den Müttern der Kinder, täglich in den Wald. Im Februar 1995 war die Gruppe vollständig.

Um 8.30 Uhr, in den Wintermonaten um 9.00 Uhr, treffen sich jeden Tag 15 drei- bis sechsjährige Kinder mit zwei Erzieherinnen und einer Zusatzkraft an einer Lichtung im Wald. Ein Morgenreim bindet die Kinder in gemeinsame Gedanken ein. Sie sprechen darüber, warum Marie-Christine heute nicht da ist, oder erzählen sich Wichtiges: „Ich habe heute Nüsse mit."

Der Wald ist in unseren Breitengraden eine Naturlandschaft, die noch am unberührtesten von Menschenhand geblieben ist, und somit eine der natürlichsten „Werkstätten" für Kinder, denn diese „Werkstatt" ohne Dach und Wände und ohne Zaun ist gefüllt mit täglich wechselnden Gaben der Natur wie dem Sonnenlicht, Schatten, Regen, Schnee, Nebel, Wind, Wärme, Kälte, Düfte, Stille und Geräuschen wie dem Zwitschern und Klopfen der Vögel und dem Rascheln der Blätter unter den Schuhen der Kinder.

Blätter, Äste, Stöcke, Bäume, Sträucher, Gras, Bäche, Flüsse, Erde, Baumwurzeln, Baumscheiben, Rinde, Laub, Beeren, Pilze sind Werkzeuge, die der Wald für die Kinder bereithält.

Marian beispielsweise sah einen kleinen Marienkäfer vor sich herfliegen, er lief und lief, schlug dabei Haken und Bögen, er tat vieles dafür, dieses Tierchen auf seinem Handrücken landen zu lassen. Er war glücklich, als das Tierchen endlich über seine Hand lief. Keins der anderen Kinder durfte es abnehmen. Als dieser kleine Marienkäfer seinen Handrücken als Startbahn benutzte, beim Abflug auch noch gegen seine Stirn stieß, um dann fast nicht sichtbar fortzufliegen, war Marian ganz verblüfft.

Die Sinne der Kinder haben im Wald genug zu tun. Doch diese werden, trotz des reichhaltigen Angebots, nicht überfordert. Die Reizeinflüsse sind ursprünglicher und einfacher Natur, auf einem einfachen Anspruchsniveau.

In dieser „Naturwerkstatt" klettern, balancieren, rutschen, springen, laufen, rollen, schaukeln, platschen, matschen, angeln, bohren, stechen, stecken, sägen die Kinder.

Sie probieren sich und ihre Umgebung aus. Sie forschen mit Hilfe der Erzieherinnen, welche die Spannung der Kinder zulassen. Die Kinder legen sich auch im Winter auf ihren Rücken und schauen in die schwarzen Äste, umgeben von Himmelblau. Sie riechen, fühlen, horchen und staunen, sie rufen und schreien, sie weinen und lachen. Die Kinder ziehen einen schweren Ast den Weg entlang, ja, sie fahren heute mit dieser Lokomotive zur Oma nach Herne.

Das einfachste „Werkzeug" des Waldes läßt die Phantasie und Kreativität der Kinder zu.

Sich als Erwachsener weitmöglichst zurückzunehmen, den Wald als zentrale pädagogische Kraft zuzulassen und trotzdem *ganz* bei den Kindern zu sein, dies gehört, so denke ich, zu den Künsten der Mitweltpädagogik.

Die Beitragshöhe der beiden Gruppen entsprechen denen der Regelkindergärten.

Der Natur- bzw. Waldkindergarten arbeitet im Vergleich zu Regelkindergärten mit geringen Investitionskosten, jedoch personalintensiv. Diese andere Finanzstruktur beinhaltet eine Verlagerung vom Angebot von Sachwerten zur menschlichen Nähe.

Durch Medienberichte wurde die Öffentlichkeit auf den Naturkindergarten aufmerksam. Wir erhielten Einladungen von Jugendämtern, Volkshochschulen und Elterninitiativen mit der Bitte, das Konzept vorzustellen. Auf diesen Veranstaltungen wurde des öfteren die Frage gestellt: „Zeigen die Kinder zu Hause veränderte Spielgewohnheiten, Verhaltensänderungen durch den Besuch des Naturkindergartens?"

Eine von dem Naturkindergarten durchgeführte Elternumfrage hat gezeigt, daß die Kinder, im Gegensatz zu früher, in ihren Gärten viel mehr mit Steinen und Stöckchen spielen und mit Wasser matschen.

Schon allein die Unebenheit des Waldbodens ist für viele Kinder recht ungewöhnlich. Dieser eigentlich einfachste und selbstverständlichste Reiz bedarf aber, besonders zum Anfang der Naturkindergartenzeit, schon sehr viel Aufmerksamkeit. Ein kleiner Junge fiel zum Anfang seiner „Waldzeit" fast regelmäßig über jedes Stöckchen, über jede leicht hervortretende Wurzel. Im Gestrüpp war er mit seinem kleinen Bauch öfters auf der Erde als mit seinen Füßen. Schon nach

4–5 Monaten glich sich dieser Zustand aus, und mit 6 Monaten „Waldzeit" stapfte er so sicher auf seinen Füßen wie die anderen Kinder seiner Gruppe.

Auch jahreszeitlich bedingte Veränderungen in der Natur wurden von den Kindern selbst wahrgenommen. So blieb beispielsweise im ersten November, die Kinder waren drei Monate im Wald, ein kleiner Junge stehen, schaute und sagte: „Der Wald wir immer heller." Dies heißt, daß das Kind mit allen Sinnen wirklich täglich im Wald anwesend war. Es hatte täglich den Ist-Zustand des Waldes *erlebt*.

Der mitweltpädagogische Ansatz versucht, das Herz des Menschen zu erreichen, um die Achtung vor der Natur selbstverständlich werden zu lassen.

Meine Kollegin und ich bieten Fortbildungsseminare an mit dem Thema: „Wie kann ich die Begeisterung der Kinder an der Natur erhalten und fördern?" Durch diese neue Schaffensebene sind wir weiterhin in der Phase der Erprobung und Entwicklung. Wir erleben das prickelnde Gefühl des „learning by doing", empfinden den handlungsorientierten Ansatz als wohltuend.

Sprechen wir auf Vorträgen bzw. Seminaren über die heutige Kindheit – über das Leben wie auf Inseln mit Zeitverplanung und Fremdbestimmung –, dann melden sich gelegentlich die KritikerInnen der Natur-/Waldkindergärten mit dem Argument: „Auch Sie bilden mit diesem Kindergarten ja eine weitere Insel!" Ich zitiere dann aus meinem Erfahrungsbericht, in dem ich folgende Anregung gab:

„Unsere Vorbildfunktion sollte dahin wirken, daß die Kinderbetreuung im Natur-/Waldkindergarten nicht mehr als außergewöhnlich bezeichnet wird. Ist es nicht so, daß wir auf eine sehr kindangemessene und natürliche Weise betreuen? Dies führt in letzter Konsequenz dazu, daß wir uns für ein natürlich gewachsenes Umfeld einsetzen und engagieren. Kinder sollten die Möglichkeit haben, jeweils vor ihrer Haustüre, umgeben von wilder, erlebnisreicher Natur, angstfrei mit den Nachbarskindern, im Verbund mit den sie umgebenden Lebensgemeinschaften und Generationen, leben und spielen zu können."

Beispiele für Projekte: Sinnes(t)räume – im Kindergarten und in der freien Natur

Literaturhinweise

BACHMANN, R.: Ökologische Außengestaltung in Kindertagesstätten. Berlin 1994
HOHENAUER, P.: Spielplatzgestaltung – naturnah und kindgerecht. Wiesbaden 1995
KNIRSCH, R.: Unsere Umwelt entdecken. Münster 1991
LANGE, U./STADELMANN, T.: Spiel-Platz ist überall. Freiburg 1996
LINDEMANN, F.: Modelle gegen den Frust. Berlin 1996
LUTZ, E./NETSCHER, M.: Handbuch Ökologischer Kindergarten. Kindliche Erfahrungsräume neu gestalten. Freiburg 1996
NATURSCHUTZZENTRUM NORDRHEIN-WESTFALEN: Natur-Spielräume für Kinder. Recklinghausen 1991
OBERHOLZER, A./Lässe, L.: Gärten für Kinder. Stuttgart 1993

5. Werkstatt-Ideen

Im folgenden Abschnitt werden Ideen aus der Sinneswerkstatt vorgestellt. Z.T. sind sie von Erzieherinnen selbst entworfen und erprobt, z.T. aber auch als langfristig angelegte Projekte gemeinsam mit Kindern durchgeführt worden.

5.1 Theo, der Tast-Tausendfüßler
(Beate Nadgrabski, Kinderhaus Astrid Lindgren, Emsdetten)

Bevor unser „Kinderhaus Astrid Lindgren" (eine kombinierte Tageseinrichtung für Kinder) eröffnet wurde, hatten wir ca. vier Wochen Zeit, uns über ein gemeinsames pädagogisches Konzept zu verständigen, aber auch, um die Raumgestaltung der jeweiligen Gruppen zu

planen. Auch der Eingangsbereich und die Halle sollten mit einbezogen werden.

Ebenso wie die Gruppenräume sollte auch der Eingangsbereich nicht überladen wirken. Er sollte für Kinder Entdeckenswertes bereithalten, so daß sie gespannt auf das sein konnten, was sich hier tun würde. Es entstand die Idee, etwas zum Fühlen, Riechen und Sehen anzubieten. Da der Eingangsflur recht schmal ist, durfte das Angebot nicht so ausladend sein.

Muster wurden entworfen und wieder verworfen, bis „Theo, der Tast-Tausendfüßler" entstand. Die Holzwerkstatt, ein Projekt für arbeitslose Jugendliche, stand uns zur Verfügung, die dann die Unterkonstruktion für „Theo" aus Spanplatten sägte. In der Zwischenzeit hatten alle Mitarbeiterinnen verschiedenste Materialien organisiert und mit ins Kinderhaus gebracht.

„Theo" wurde nun in kleine „Abschnitte" unterteilt und mit Leder, samtartigem Stoff, Alufolie, Schmirgelpapier, Teddystoff, Fußmatte (aus Kunststoff), feinem Kies, Jute und Fell beklebt.

„Theos" Füße wurden kleine Kindersocken (ebenfalls gesammelte Werke), die mit Knöpfen, Reis, Cellophan, Styroporschnipseln, Kirschkernen, Erlenzapfen, Sojakörnern und weißen Bohnen paarweise gefüllt wurden. Damit „Theo" auch wie Theo aussah, bekam er noch ein Gesicht, eine Blume an seinen Hut und eine Fliege um den Hals.

In den drei Jahren hat „Theo" sicher schon viel bei uns erlebt, denn jeden Tag wird er gestreichelt, und die Kinder fühlen immer wieder, was er in seinen Socken hat.

„Theo" gegenüber hängen fünf Säckchen mit verschiedenen Düften, die laut Aussagen der Kinder „stinken" (Citronella-Öl) oder „gut riechen" (Vanille). Den Jahreszeiten entsprechend wechseln die Inhalte in den Säckchen; z. B. riecht es in der Adventszeit im Flur nach Lebkuchen, Zimt, Orange, eben nach Weihnachten.

Am Ende des Flures haben wir zwei Spiegel (120 x 80 cm) gegenüber gehängt und direkt neben einen „normalen" Spiegel einen Zerrspiegel. Es ist interessant zu beobachten, wie die Kinder mal vor dem einen Spiegel stehen und mal vor dem anderen. Die Erwachsenen müssen sich bücken, um sich im Spiegel sehen zu können. Vor den Zerrspiegel trauen sich nur wenige Erwachsene.

Kleine Geschichte zwischendurch: Bei einer Anmeldung tastet sich ein Kind langsam in die Halle vor und bleibt fasziniert vor diesen

Spiegeln stehen. Schaut mal in den einen, mal in den anderen. Als das Kind vor dem Zerrspiegel steht, sagt die Leiterin spontan: „Da siehst du aber gut aus." Darauf stellt sich das Kind vor den „normalen" Spiegel und meint: „Nein, hier bin ich schön."

Nach wie vor ist unser Eingang, vor allem für Kinder, sehr attraktiv. Die jüngeren Geschwister probieren selbstverständlich ebenfalls alles aus. Häufig erleben wir, daß Mütter die jüngeren Kinder morgens auf den Arm nehmen, wenn sie unser Haus verlassen. Darauf angesprochen, sagen sie oft lachend: „Wir kommen hier sonst gar nicht weg."

Seit einiger Zeit hängen zwischen dem Zerrspiegel und „Theo" ein „Facettenauge" und ein „Prismenglas" an Kordeln. Das Schauen durch diese Gläser, die unterschiedlich sind, eröffnet den Kindern einen neuen Blick für ihre gewohnte Umgebung. Aussage eines Kindes: „Ich sehe ganz viele Markusse."

Am Ende des Flures liegt die Halle, an der sternenförmig die Turnhalle und die einzelnen Gruppen mit ihren Neben- bzw. Schlafräumen verteilt sind. In der Halle befinden sich ein Spiegelzelt und eine Ballkiste.

Um der Öffentlichkeit unser Kinderhaus vorzustellen, haben wir fünf Monate nach der Eröffnung einen Tag der offenen Tür durchgeführt. Die Betreuung der Kinder unter drei Jahren war für Emsdetten etwas vollkommen Neues, so daß es besonders wichtig war, die Öffentlichkeit einzuladen. Sie sollte sich selber ein Bild über unsere Räumlichkeiten, die Atmosphäre und die inhaltliche Arbeit machen.

Für die Kinder hatten wir Angebote aus dem Bereich der Sinneswahrnehmung vorbereitet. Es gab Geräuschdosen (schwarze Filmdosen) mit unterschiedlichen Materialien, Duftsäckchen mit Lavendel und einiges mehr. Für uns wurde es ein schöner, anstrengender Tag mit fast tausend Besuchern. Es hatte sich gelohnt.

Im Laufe diese drei Jahre wurden bei Festen und Aktionen immer wieder neue Ideen aus dem Bereich der Wahrnehmung umgesetzt, auch mit dem Hintergrund, den Eltern unsere Arbeit transparent zu machen und sie dafür zu gewinnen. Das „Gewinnen" war am Anfang etwas schwierig, da häufig die Forderung nach mehr Gebasteltem zur Diskussion stand. Es war manchmal nicht ganz einfach, die unsichtbaren Dinge, die uns besonders wichtig waren, an die Eltern weiterzuvermitteln.

Dabei half uns im Team sicherlich der Austausch miteinander, das gemeinsame Ziehen an einem Strang sowie das gegenseitige Rückenstärken. Es war auch ein kleines bißchen Pionierarbeit, die wir leisten mußten, sei es in vielen Einzelgesprächen oder an gemeinsamen Elternabenden.

5.2 Ein Sinnesparcours in der Eingangshalle
(Inka Babatz, Michaela Mehlich, Kindertagesstätte der Margarete Wehling-Stiftung, Detmold)

Die Eingangshalle des Kindergartens ist ein Ort, an dem Sinneserfahrungen sozusagen „im Vorbeigehen" gemacht werden können, kein besonderer Raum, der extra geschaffen werden muß. Hier bietet sich die Möglichkeit, daß Kinder, Besucher, Eltern und auch Erzieherinnen einfach nur beiläufig sensorische Erlebnisse haben und sich dadurch vielleicht auch einmal ganz gezielt mit einzelnen Sinneserfahrungen auseinandersetzen.

Wie wurden die Kinder beteiligt

Der grobe, theoretische Rahmen wurde von zwei Erzieherinnen abgesteckt, bei der Gestaltung der Räume wurden die Kinder aktiv beteiligt.

Beim Bau der Fußtastplatte und der Tast- und Geräuschewand halfen die Kinder bei der Zusammenstellung der einzelnen Elemente, brachten eigene Überlegungen und Vorschläge mit ein und werden noch heute, lange nach Fertigstellung, an Reinigungs- und Reparaturarbeiten beteiligt.

Für die Hand- und Fußspur aus selbstklebender Folie quer durch die Halle maßen die Kinder ihre Hände und Füße aus, malten sie auf, schnitten diese aus und klebten sie auch auf den Boden.

Die Duftsäckchen wurden von den Kindern gefüllt; Ideen für die Füllungen kamen von Kindern und Erzieherinnen, sie wurden anschließend in der Halle verteilt aufgehängt.

Abgesehen von diesen Dingen gibt es auch Erfahrungsfelder, bei deren Erstellung die Kinder nicht aktiv beteiligt werden konnten, so z. B. die Nebelwand aus langen, unterschiedlich starken Kunststoffolienstreifen.

Die Kinder haben jedoch trotzdem die Wand gerne angenommen.

Ein Sinnesparcours in der Eingangshalle

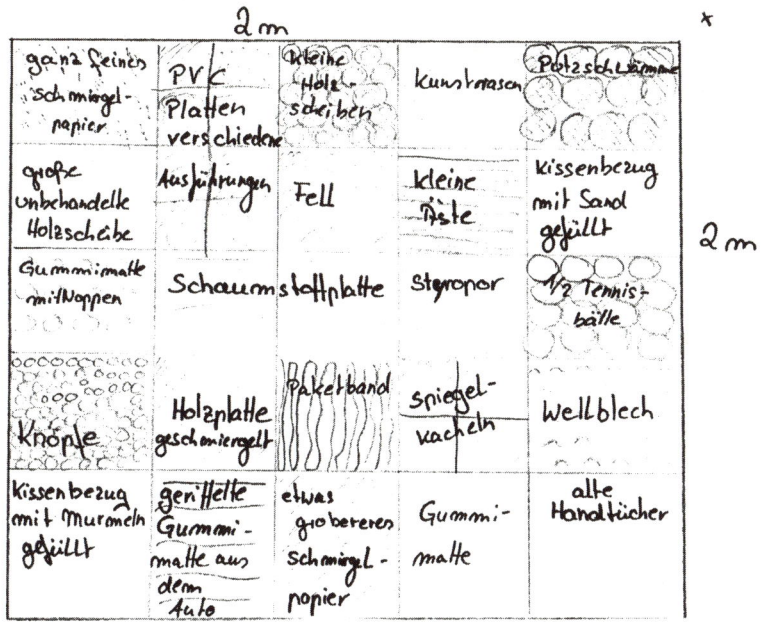

Neben einer Tastwand, für die an anderer Stelle bereits Beispiele beschrieben worden sind, besteht der Sinnesparcours aus folgenden Teilen:

Fußtastweg

Alle Materialien sind auf dem Preßholzbrett mit Heißkleber geklebt. Die Kissenbezüge sind festgetackert. (Siehe Abb.)

Die Nebelwand

Material: Wandhaken, Band, doppelseitiges Klebeband, Malerfolie in zwei verschiedenen Stärken

Vorbereitungen: In einem schmalen Gang wurden an den Seitenwänden nahe der Decke Haken angebracht. Zwischen diese spannten wir Seile.
Ausführung: Die Malerfolie wurde in ca. 5–10 cm breite Streifen geschnitten und mit dem Klebeband an den Seiten befestigt. Hierbei haben wir immer ein Seil mit dünner, das nächste mit dicker Folie beklebt.

Die Folie wurde zum Schluß ca. 10 cm über dem Boden abgeschnitten.

Klangwand

Material: Blech, ca. 300 x 200 x 1 mm; 1 Rundholz, ca. 30 cm lang, Durchmesser 3 cm; 8 kleine Haken, Isolierband und Befestigungsmaterial.

Sowohl das Blech als auch das Rundholz haben wir aus einer Autowerkstatt bzw. einer Tischlerei als Reststücke bekommen.

Vorbereitungen: Wir haben bei einem Karosseriebauer ein 30 cm breites, 20 cm hohes und 1 mm tiefes Blech schneiden lassen und dieses am Rand mit Isolierband beklebt, damit die scharfen Kanten wegfallen. Dann wurden in ein 3 cm langes Rundholz 8 kleine Haken gedreht (3 cm Durchmesser). Das Blech befestigten wir mit einem 2 mm großen Hohlraum an der Wand, das Rundholz mit den Haken nach vorne unmittelbar darüber.

Ausführung: Wir knoteten klingende Materialien wie Glocken, Unterlegscheiben und Muttern an Bänder. Diese Bänder wurden oben einzeln an die Haken geknotet, sie hingen nun lose über dem Blech und konnten an dieses geschlagen werden.

Fuß-Handweg

Material: Klebefolie

Vorbereitung: Wir schnitten aus bunter Klebefolie viele rechte und linke Füße und Hände aus.

Ausführung: Die Hände und Füße wurden von der Turnhalle bis zum Ausgang geklebt. Wir haben darauf geachtet, daß sie so angeordnet waren, daß auf ihnen – auf allen Vieren – entlanggegangen werden konnte.

Riechsäckchen

Material: Sechs Stoffsäckchen (9 x 13 cm), acht Haken, Geschenkband, getrocknete Nelken, Seife, Zimt, Vanillezucker, Lavendel, Kaffee (Alternativen: Kakao, Früchtetee …)

Vorbereitung: Wir nähten sechs kleine Stoffsäckchen und drehten acht Haken in die Decke.

Ausführung: In jedes Säckchen wurde ein Duftstoff gefüllt; die Säckchen wurden mit Geschenkband an den Haken in der Decke befestigt.

Ein Sinnesparcours in der Eingangshalle

Pannen und Probleme: Zuerst hatten wir die Säckchen alle nebeneinander aufgehängt, dadurch verknoteten sie sich ständig, und die Gerüche waren innerhalb kurzer Zeit vermischt. Inzwischen hängen die Säckchen weit voneinander entfernt in der Halle.

Wasserfall

Material: Ein Gymnastikreifen, ein Deckenhaken, Paketband, vier blaue Mülltüten

Vorbereitung: Aus blauen Müllsäcken wurden Bänder geschnitten und diese in Spinnennetzform über einen Turnreifen gespannt. Der Reifen wurde mit Paketband an einem Deckenhaken befestigt, so daß er sich noch bewegte, wenn jemand hindurchlief.
Ausführung: Die Mülltüten wurden in Streifen von ca. 4 cm Breite geschnitten und sowohl am Reifen als auch im Spinnennetz dicht geknotet. Die Mülltütenstreifen wurden ca. 1 cm über dem Boden abgeschnitten.
Pannen und Probleme: Die Streifen werden von den Kindern oft abgerissen oder längergezogen. Wir müssen diese dann teilweise erneuern oder über dem Boden abschneiden.

Geräuschememory

Material: 12 gleiche Dosen mit Deckel (von den Eltern gesammelt, 8 cm hoch), 6 verschiedene Materialien doppelt, 2 Schuhkartondeckel, ca. 25 x 30 cm

Vorbereitung: Wir schnitten in einen Schuhkartondeckel 12 Löcher in der Größe unserer gesammelten Dosen. Dieser Karton wurde umgekehrt in einen zweiten, etwas größeren Schuhkartondeckel gestellt.
Ausführung: Die Dosen wurden, jeweils in Paaren, mit Wasser, Sand, Kieselsteinen, Perlen, Unterlegscheiben und mit kleinen Wattekugeln gefüllt. Die Materialien sind auswechselbar. Durch Schütteln der Dosen finden die Kinder heraus, welche Dosen vom Geräusch her zusammengehören und womit sie gefüllt sind.
Die Dosen können anschließend zur Aufbewahrung in das „Spielbrett" gestellt werden.

Wie war die Resonanz bei den Kindern, KollegInnen, Eltern und der Öffentlichkeit?

Die Kinder waren sehr interessiert und erforschten die einzelnen Stationen des Parcours genau.

Jetzt, nach ca. einem halben Jahr, stehen die einzelnen Erfahrungsfelder nicht mehr im Mittelpunkt ihres Interesses, was nicht heißt, daß das Interesse erloschen ist, ganz im Gegenteil: Die verschiedenen Stationen werden von den Kindern mit ins Spiel integriert und immer wieder anders genutzt.

Einzelne Kinder haben Lieblingsverweilplätze für sich entdeckt, wie z. B. eine dicke Schaumgummimatte auf der Fußtastplatte, die ganz gezielt angesteuert wird. Einige Dinge werden als individuell unangenehm gemieden, zwischendurch wieder ausprobiert. Über die Erfahrungen reden die Kinder auch untereinander und stellen so einen Bereich der Individualität des einzelnen fest.

Einige der großen Kinder, die anfangs das Ganze als „Babykram" abtaten, zeigten später großes Interesse und sind manchmal ganz in sich versunken, während sie z. B. Rasseln, Glocken, Schwämme etc. an der Geräusche-Tastwand ausprobieren.

Die Resonanz bei KollegInnen und Eltern etc. war größtenteils positiver Art.

Eltern und KollegInnen probierten selbst herum, es entwickelten sich Gespräche über die unterschiedlichen Sinnesbereiche, es gab Tips und konkrete Hilfe bei der Beschaffung der Materialien. Die Erfahrungsfelder werden von allen MitarbeiterInnen in ihre Arbeit mit den Kindern integriert.

Die dicke Nebelwand fand bei vielen Erwachsenen wenig Anklang, „Nebelschwaden" behinderten die Sicht, verkomplizierten den Durchgang, verzerrten Stimmen.

5.3 Fühl- und Taststraße für Hände und Füße
(Ev. Kindergarten Hasbergen)

Als Reaktion auf den Besuch einer Fortbildungsveranstaltung durch zwei Mitarbeiter wurde das Thema „mit allen Sinnen" im Team besprochen und für sehr wichtig erachtet. Hinzu kam, daß eine Berufspraktikantin dieses Thema für ihre Jahresarbeit verwendete. Sie las viele Bücher und berichtete uns darüber. Wir waren von dieser Thematik so angetan, daß wir ein Projekt starteten! Wir, und vor allen Dingen die Kinder, waren so begeistert, daß sich unser Projekt über ein halbes Jahr hinzog. Während der ganzen Zeit haben wir unsere Projekte dokumentiert, sie auf Stellwänden mit Bildern und Texten kommentiert, so daß die Eltern auch durch Sammelaktionen und Informationen am Projekt beteiligt und darüber informiert waren. Zum Schluß haben wir diese Gemeinschaftsarbeit in ein Sommerfest münden lassen. Aus diesen Aktivitäten möchten wir zwei Einheiten vorstellen:

1. Bericht über die Erstellung einer Tast- und Fühlstation.
Wir wählten dieses Thema aus, weil die Kinder mit viel Freude und Spaß dabei waren und viele Ideen beitrugen. Außerdem ist ein solches Projekt in jedem Kindergarten durchführbar, weil es sehr wenig Geld kostet.
2. Bericht über einen Parcours, der bei einem Sommerfest vorgestellt wurde. Wir wählten dieses Thema, weil wir einen sehr großen Erfolg bei den Eltern hatten und immer wieder positive Rückmeldungen bekamen.

Eine Fühl- und Taststraße für Hände und Füße

In diesem Projekt haben wir mit den Kindern in einem Zeitraum von ca. vier Wochen eine bewegliche Fühl- und Taststraße hergestellt.

Die verschiedenen Gegenstände wurden nach Fertigstellung in der Turnhalle (aus Platzgründen) zu einer Straße aneinandergereiht. Hier konnten die Kinder sie mit nackten Händen und Füßen intensiv erforschen und ertasten.

„Beweglich" war und ist die Fühl- und Taststraße aus dem Grund, daß alle Materialien beispielsweise in Kisten gelegt oder auf Teppichfliesen aufgeklebt wurden und somit leicht transportabel und von langer Lebensdauer sind. Daher können sie auch ohne weiteres in ande-

Fühl- und Taststraße für Hände und Füße

ren Räumlichkeiten aufgebaut werden. Die Materialien, die wir gemeinsam mit den Kindern zusammengesucht und ausgewählt haben, stammen zum Teil aus der Einrichtung, wurden von den Kindern und Eltern gesammelt, von Mitarbeitern zur Verfügung gestellt oder preiswert gekauft.

Natürlich standen die einzelnen Materialien nicht von Anfang an fest, sondern sie ergaben sich erst im Laufe des Projektes durch die kreativen und vielfältigen Ideen der Kinder.

Die Kinder entwarfen so folgende Tastgegenstände/Taststationen:
– Teppichfliesen, beklebt mit: Kronkorken (mit den Spitzen nach oben), Kastanien, Haushaltsschwämmen, Sand, getrocknetem Kleister, Schmirgelpapier, Legoplatten, Styroporringen, Nikki-Stoff.
– Wannen, gefüllt mit: Sand, Kies, Matsch, Wasser, wassergefüllten Ballons, sandgefüllten Ballons, aufgeblasenen Ballons.
– Apfelsinenkisten, gefüllt mit: Steinen, Watte, Schaumstoff, Korken, Zeitungspapier.

Beim Aufbau der Fühl- und Taststraße in der Turnhalle haben wir Mitarbeiter die „Straße" mit einfachen Alltags- und Turnmaterialien wie Seilen, Reifen, Rundhölzern unter einer Decke (weiche Wolldecke, Jutesäcke) und mit warmem und kaltem Wasser gefüllten Wärmflaschen ergänzt.

Handtücher für die nassen und manchmal auch dreckigen Füße lagen bereit. So konnten die Kinder (und Mitarbeiter) die Straße barfuß begehen oder mit den Händen ertasten. Dabei wurde sie in vielen verschiedenen Variationen begangen: vorwärts, rückwärts, auf allen Vieren, mit verbundenen Augen, alleine oder von einem Partner geführt.

Besonders viel Spaß hatten die Kinder beim Zertreten der mit Wasser gefüllten Ballons und im Matsch.

Es sollten bei der Durchführung immer mindestens zwei Erzieherinnen anwesend sein, um den Kinder beim An- und Ausziehen zu helfen oder um sie – wenn nötig – auch über die „Straße" zu führen. Da unsere Fühlstraße von den Kindern sehr gut angenommen wurde (wir haben sie mehrmals aufgebaut), beschlossen wir, sie beim Sommerfest anzubieten, um den Eltern, die eifrig mitgesammelt hatten und inzwischen neugierig waren, die Möglichkeit zu geben, einmal selbst neue „Tasterfahrungen" zu sammeln. Auch sie nahmen das Angebot begeistert an. Lediglich einige wenige brauchten von den Kindern etwas Ermunterung, durch den Matsch zu gehen.

Parcours-Aufbau für das Sommerfest
1. Blaue Turnmatten werden zu einem Berg gestapelt.
2. Verschiedene Materialien (Seil, Luftballon, Kissen) werden unter einem Schwungtuch angeordnet.
3. Auf einen kleinen Kasten, hochkantgestellt, wird eine Turnbank aufgelegt.
4. Über 3 Kastenteile (großer Kasten), die mit Schaumstoffmatratzen ausgefüllt sind, werden 3 Turnmatten gelegt, so daß ein wellenförmiger Untergrund entsteht.
5. Kastenober- und Unterteil.
6. Wackelbrett
7. Auf ca. 10 Stäbe wird eine umgedrehte Bank gelegt.
8. Pedalo.
9. Zwei Gymnastikreifen mit Ständer.
10. Dicke Turnmatte schräg an die Wand gelehnt.
11. Turnbank.

Dieser Parcours wurde für unser Sommerfest aufgebaut. Er sollte zum einen den Eltern zeigen, was ihre Kinder im Kindergartenalltag in der Turnhalle treiben, zum anderen sollte er Eltern und Kindern Anreize bieten, sich selbst auszuprobieren. Die Kindergartenkinder waren diesen Bewegungsparcours in abgewandelter Form gewöhnt. Balancieren, rutschen, klettern, Pedalo fahren war ihnen vertraut.

Daher überlegten wir uns als zusätzlichen Anreiz und höheren Schwierigkeitsgrad die Übung, sich mit verbundenen Augen durch die Turnhalle führen zu lassen. Die Geräte für unsere Bewegungslandschaft waren allesamt im Kindergarten vorhanden. Nachdem die Geräte aufgebaut waren, probierten wir Erzieherinnen sie zunächst selbst aus. Gegenseitig führten wir uns mit verbundenen Augen über die einzelnen Hindernisse.

Wir stellten fest, wie sich unsere Wahrnehmungen durch das „Blind"-sein veränderten. Der Mattenberg wurde beispielsweise plötzlich als sehr hoch empfunden, die schräge Bank wollte kein Ende nehmen usw. Auch mußte das Vertrauensverhältnis zu der führenden Person mehrfach verbalisiert werden: „Hältst du mich auch wirklich?"; „Ich habe Angst vor zu großer Höhe."

An unserem Sommerfest war der Raum verdunkelt und durch die Trennwand nicht einsehbar. Die äußeren Bedingungen schufen schon eine ganz besondere Atmosphäre. Eine Erzieherin war während des ganzen Nachmittags anwesend, sie erklärte jedes Mal den Ablauf:
– Zwei Personen sollten gleichzeitig durch den Parcours gehen, einer mußte führen, der andere mußte sich führen lassen. – Der Geführte hatte die Augen mit einem Tuch verbunden.
– Schuhe und Strümpfe mußten ausgezogen werden.

Unsere Eindrücke:
Während des ganzen Nachmittags herrschte reger Betrieb. Besonders viel Freude hatten die Kinder, wenn sie ihre Eltern herumführen konnten. Die Eltern motivierten einige Male andere Erwachsene, den Parcours auszuprobieren. Sie hatten viel Spaß und waren sehr überrascht von ihren eigenen Gefühlen und Wahrnehmungen. Auch nach dem Fest erhielten wir einige Rückmeldungen, wie beeindruckt die Eltern von der „Turnhalle" gewesen seien.

5.4 Gespensterparty mit Quiz im Geisterschloß
(Irmhild Zeh und Monika Lehn, Kindertagesstätte Douvermannstraße, Dinslaken)

In unserer Kindertagesstätte wurde zusammen mit der Hortgruppe ein Gespensterfest durchgeführt, das bei den Kindern noch lange in schaurig-schöner Erinnerung blieb:

Geisterbahn

Der Hausaufgabenraum der Hortgruppe wurde zur „Geisterbahn" umgestaltet. Er wurde ganz abgedunkelt. Von der Decke hingen mehrere Vorhänge aus verschiedenen Materialien herab (Jute, Plastikfäden u. ä.). Auf den Tischen standen Kartons zum Betasten verschiedener Materialien (Muscheln, Baumrinde, Fellreste). Auf dem letzten Stück der Bahn kündigte ein Skelett den Tastgang an mit der Bitte, die Schuhe auszuziehen. Die „Hintergrundmusik" hatten die Kinder in den Herbstferien selbst aufgenommen:

Gespenstergeräusche

Zur Verfügung standen mehrere „Instrumente" (Becken, Glockenspiel, Triangel, ausgedientes Telefon, Zeitungspapier, Tambourin, Klangstäbe und natürlich die eigenen Stimmen). Mit ihrer Hilfe sollten die Kinder versuchen, ihre Vorstellung von gespenstischen Geräuschen umzusetzen. Es wurde den Kindern so wenig wie möglich vorgegeben, da jeder Mensch eine andere Empfindung zum Begriff „gespenstisch" hat. So habe ich ihnen lediglich ein Beispiel gegeben, indem ich mit den Fingernägeln über ein Becken gekratzt habe. Durch diese Vorgabe wurde den Kindern schnell klar, daß es hier nicht um den „richtigen" Umgang mit Instrumenten ging, sondern um eine Zuhilfenahme von Instrumenten und anderen Gegenständen, um damit Gefühle und Eindrücke zum Ausdruck zu bringen.

Die Kinder probierten begeistert aus, wichtig war ihnen die Entwicklung einer Geschichte zu den Geräuschen. So durfte der klassische Gongschlag, der Mitternacht – und somit die Geisterstunde – ankündigt, nicht fehlen. Auch der Herzschlag einer verängstigten Person wurde in Töne umgesetzt. Meine Aufgabe bestand eigentlich nur noch darin, Tips für die Aufnahme zu geben (wie z. B. zur Hebung der Tonqualität näher an das Aufnahmegerät heranzukommen).

Gespensterkleidung:

Vor dem Gespensterfest veranstalteten wir einen gemeinsamen Nachmittag für Eltern und Kinder, an dem wir Verkleidungen und Dekorationen für das Fest erstellten. Alle sollten, wenn möglich, weiße Bettlaken, Bezüge und Kissenbezüge o. ä. mitbringen. 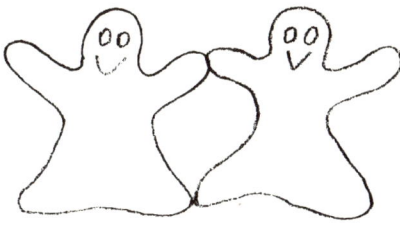 Allein schon weiße Bettlaken zu besorgen, war gar nicht so einfach, da die meisten nur bunte Bettwäsche oder Spannbettlaken besitzen. Weiße „normale" Bettwäsche konnte oft noch bei Oma ergattert werden.

Für ein Gespensterkostüm wurde ein Bettlaken zweimal zusam-

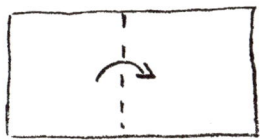  

mengelegt. Aus der oberen Ecke wird ein Viertelkreis von ca. 7 cm Radius ausgeschnitten. Das ist der Ausschnitt für den Kopf. Die Seiten des Kostüms können einfach offen bleiben oder mit einigen Stichen zusammengenäht werden. Dann wird aus einem Kopfkissenbezug die Kapuze hergestellt, indem man ihn diagonal durchschneidet. Ein Kissenbezug ergibt zwei Kapuzen. Die Augen werden markiert und dann ausgeschnitten.

Als Dekoration für das Fest bastelten wir Gespenstermarionetten aus Gardinen und Styroporkugeln, die wir dann im Gruppenraum aufhängten. Außerdem Girlanden (Gespenster und Fledermäuse) und Fledermäuse als Namensschilder für Strohhalme.

Gespenster-Party mit Quiz im Geisterschloß

Unter diesem Motto stand das Gespensterfest, das von 19 bis 21 Uhr in der Hortgruppe – gemeinsam mit den Eltern der Kinder – gefeiert wurde.

Anstelle einer Beschreibung hier ein paar Rückmeldungen von den Kindern (Auszug aus der Hortzeitung):

Werkstatt-Ideen

„Ich fand beim Gespensterfest gut das Riechspiel. Ich fand das Schmeckspiel lustig. Ein paar Tage vor dem Gespensterfest haben wir die Fenster angemalt. Wir haben eine Woche vor dem Gespensterfest die Gespenstergeräusche aufgenommen. Bei das Gespensterfest waren alle als Gespenster oder als Vampire verkleidet. Beim Hörtest waren die Geräusche nicht einfach zu schätzen. Das Skelett, wo man die Taschenlampe draufleuchtet im Hausaufgabenraum, fand ich lustig.

Und es gab Gespenstertrunk und Käsehäppchen und Minifrikadellen und Miniwürstchen. Wir haben mit den Eltern diese Spiele ge-

macht. Ich habe mich als Gespenst verkleidet. Jetzt ist der Hort immer noch geschmückt. Vor dem Fest haben wir die Einladungen gebastelt, es gab zwei verschiedene. Eine Burg mit kleinem Gespenst und ein großes Gespenst." (Sascha)
„Es gab eine Geisterbahn im Hausaufgabenraum, und es gab viel Essen. Wir hatten viel Spaß. Jeder (fast) hatte ein Kostüm, entweder als Gespenst oder als Vampir oder als Fledermaus. Wir machten einen Wettbewerb. Jedes Kind mußte mit seinen Eltern eine Gruppe bilden. Wir saßen im Hort, und Frau Zeh hat in der Kuschelecke Geräusche gemacht, und wir mußten erraten, was es ist. Dies mußten wir auf einen Zettel schreiben. Es gab Riechteste, Eßteste, Hörteste, Gedächtnisteste, Fühl- und Rateteste. Es gab eine leckere Gespensterbrause" (Samuel).

5.5 Spiegelwerkstatt
(Andrea Meier, Kindertagesstätte Oberlohmannshof, Bielefeld)

Ausgangssituation
Von einer Firma waren uns viele Spiegel gespendet worden. Das brachte uns auf die Idee, mit den Kindern über einen größeren Zeitraum Werkaktivitäten mit den Spiegeln durchzuführen.

Ich fertigte verschiedene Spiegelrahmen als Anschauungsobjekte für die Kinder an. Diese weckten das Interesse der Kinder, selbst ähnliche Spiegel mit Pappmachérahmen herzustellen. Verschiedene Bücher gaben ihnen Anregungen für einen Spiegelrahmen.

Arbeitsschritte
Die Arbeitsschritte verteilten sich aufgrund der Technik auf mehrere Tage.
1. Tag
- Muster auf Karton aufmalen und ausschneiden.
- Das ausgeschnittene Muster als Schablone benutzen und ein zweites erstellen.
- Zwei Spiegel passend schneiden und in den Papprahmen kleben.
- Beide Rahmenteile zusammenkleben, so daß auf jeder Seite ein Spiegel sichtbar ist.

Werkstatt-Ideen

2. Tag
- Spiegelrahmen mit Kleister und Zeitungspapier bekleben.

3. Tag
- Getrockneten Rahmen mit weißer Farbe grundieren.

4. Tag
- Die Kinder können den Rahmen nach ihren Vorstellungen bunt mit Acrylfarbe anmalen.

5. Tag
- Der fertigbemalte Rahmen wurde nun mit glänzendem Klarlack besprüht. Bevor der Lack getrocknet war, arbeiteten die Kinder Glitzer (Flitter, Herzen, Sterne etc.) ein.

Reflexion
- Die Kinder waren sehr motiviert mitzumachen; ihr Interesse hielt während des Projektes unvermindert an.
- Es war für die Kinder aller Altersstufen (3–6jährige) möglich, an diesem Projekt mitzuarbeiten und auch Erfolgserlebnisse zu haben.
- Die Wahl der Spiegelformen richtete sich ganz nach dem Entwicklungsstand und den Erfahrungen der Kinder.

- Einigen Kindern war es nicht klar, warum sie ihre Spiegelrahmen erst grundieren mußten, andere mußten lernen, daß es wichtig ist, eine Farbe erst trocknen zu lassen, bevor man eine andere aufträgt.
- Bis auf zwei Kinder waren alle einverstanden, ihre Spiegel in der Tagesstätte zu lassen.

5.6 Kugelbahn über zwei Ebenen
(Marion Klöppel, Kindertagesstätte Oberlohmannshof, Bielefeld)

Ausgangssituation
Ziel war die Erweiterung der Spielmöglichkeiten der Kinder, dabei sollte insbesondere ihre Experimentierfreude angesprochen werden.

Geplant war, eine Kugelbahn über zwei Ebenen herzustellen.

Vorbereitung ohne Kinder
- Materialien, die in der Einrichtung waren, konnten teilweise benutzt werden (Draht, Kleister, Zeitung, Holz etc.), zusätzlich benötigte Materialien wurden eingekauft (Schlauch, Maschendraht).
- Skizze angefertigt, wie die Kugelbahn aussehen sollte.

Bau des Gerüstes
- Erfahrung gemacht, daß der Unterbau nicht gehalten hat; Idee einer Kollegin aufgegriffen, festgestellt, daß durch diese Änderung Unterbau einen guten Halt hat.
- Interesse der Kinder ist entstanden.
- Schlauch für die Kugelbahn am Gerüst befestigt, so daß der Schlauch innerhalb und außerhalb des Gerüstes verlief.
  Ausprobiert, ob die Kugeln durchlaufen, und weitergebaut.
- Gerüst aus Gründen der Stabilität mit Pappmaché eingekleistert.
- Festgestellt, daß leichtere Kugeln im Innern des Gerüstes steckenbleiben und nicht mehr herauszuholen waren.
- Neu überlegt, Kugelbahn neu befestigt, und zwar außerhalb des Gerüstes, so daß jetzt andere Dinge (Schaumstoff, eckige Perlen etc.) herausgeholt werden können.

Werkstatt-Ideen

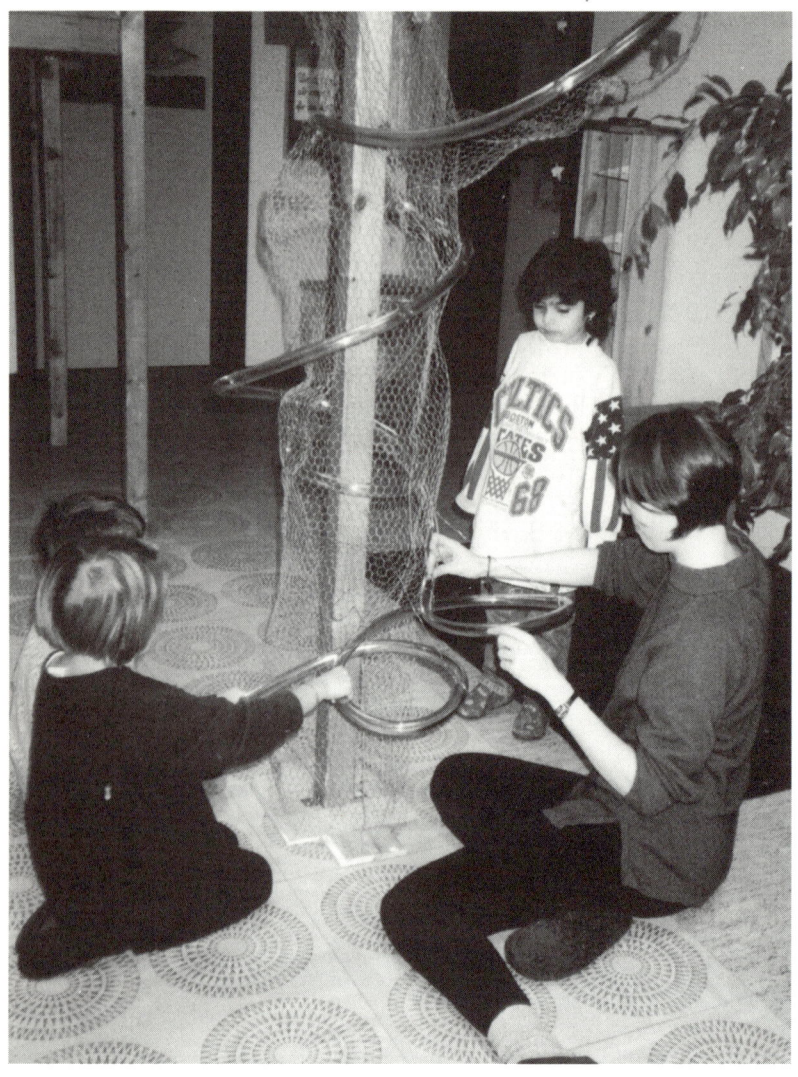

Gestaltung der Kugelbahn
- Gemeinsam mit den Kindern die Kugelbahn angemalt.
- Gemeinsam mit den Kindern Tonkugeln für die Kugelbahn hergestellt.

- Nachdem die Kugeln gebrannt waren, haben wir sie ausprobiert und haben festgestellt, daß sie gut rollen; somit sind sie ständig im Gebrauch.
- Wenn die Kinder mit der Kugelbahn spielen, sieht das so aus, daß ein Kind oben auf die Empore geht, um die Kugeln einzuwerfen; die anderen Kinder warten unten darauf, daß die Kugeln ankommen.

Fazit

Beim erneuten Bau einer Kugelbahn würde ich die Kinder bereits zu einem früheren Zeitpunkt einbeziehen. Viele der Erfahrungen, die ich selbst beim Bauen und Experimentieren machte, konnten sie bei der Benutzung nicht mehr machen.

5.7 Fußspiele – Spielfüße
(Karin Schaffner, Kindergarten Christuskirche, Schweinfurt)

„Mit beiden Beinen im Leben stehen", „gut zu Fuß sein", „mit dem falschen Fuß aufstehen", „auf großem Fuß leben" ... In diesen Sprichwörtern spiegelt sich die fundamentale Bedeutung der Füße wider. Aber nur wenige Kinder haben noch gesunde Füße.

Wir (ge)brauchen unsere Füße von früh bis spät. Sie tragen uns durch den Tag.

Wir wollten den Kindern ermöglichen, sich ihrer Füße bewußter zu werden, die Bewegungs- und Ausdrucksmöglichkeiten ihrer Füße zu erproben, mit ihnen zu spielen und zu experimentieren.

Davon erhofften wir uns „selbst"-bewußtere Kinder, die nicht so leicht „über ihre eigenen Beine stolpern" oder „den Boden unter den Füßen verlieren", sondern „im Leben Fuß fassen".

Das Team beschloß, die Kinder nur noch barfuß turnen und – im Sommer im Garten – barfuß laufen zu lassen.

Dafür mußten wir die Eltern gewinnen.

Wir haben die Info-Wand mit Artikeln über Füße und/oder Fußschäden gespickt, auch ein wunderschönes „Fußgedicht" von Martin Auer war dabei.

Werkstatt-Ideen

Wir luden zu einem Elternabend ein:

> „Zeigt her eure Füße.
> Wir wollen uns einmal ganz bewußt mit unseren Füßen beschäftigen, ihre Bewegungs- und Ausdrucksmöglichkeiten erproben und ganz nebenbei neue Spielmöglichkeiten für und mit unseren Kinder(n) – zum Beispiel an einem Kindergeburtstag – entdecken."

Diese Einladungsformulierung lockte viele Mütter und Väter und auch den Pfarrer an.

Alle waren begeistert, mit ihren Füßen Kunstwerke zu bauen (mit Kleinmaterialien), zu malen und Pantomime zu spielen. Viele erkannten, daß sie kaum noch ihre Zehen spreizen konnten.

Dieser Elternabend wird sporadisch für neue Eltern wiederholt. Wir behandelten die Thematik – auf Anraten des Elternbeirates – außerdem in einem Elternbrief.

Wir empfahlen, den Kindern zum Turnen warme Unterwäsche anzuziehen und/oder warme Trainingshosen mitzugeben. Wir informierten die Eltern über unseren Plan, Teppichfliesen als Unterlagen bereitzuhalten.

Wir stießen auf breite Zustimmung; seitdem wird bei uns barfuß geturnt und im Sommer barfuß gelaufen.

Der Garten bietet für die Füße – neben der Fußfühlstraße – viel Abwechslung: Wiese, Erde, Steinplatten, Sand, Matsch, Kletterbaum usw.

Immer, wenn Eltern Fußbilder gemalt hatten, war das auch Thema der nächsten Kinderturnstunde (Wir nehmen dazu Filzstifte, weil sie sich von den Füßen leichter führen lassen).

In der folgenden Ausstellung konnte man sich überzeugen, daß sich die Elternfußbilder nicht allzusehr von denen ihrer Kinder unterschieden. Beim Anschauen und Vergleichen gab es jedesmal viel Gelächter.

Wir bieten drei Arten einer „Fußfühlstraße" an, auf die ich hier nicht näher eingehen will, da sie an anderer Stelle im Buch behandelt wird. Nur so viel: Im Garten verwenden wir Naturmaterialien, die – in quadratische Schüsseln gefüllt – hintereinander stehen (Steine, Kies, Sand, Äste, Rindenmulch, Heu, Stroh, Tannenzapfen, Wasser).

Ebenfalls in dieser Art Schüsseln bieten wir im Turnraum „saubere" Materialien an (Frotteehandtuch, Sisal, Styroporplatte, Schmirgelpapier, Metallplatte, Wollschal, Wellpappe, Seile, Fell). Drittens legen wir den Kindern diese „sauberen" Materialien auch zum Selberbauen (ohne Schüsseln) bereit. Die Kinder verändern sehr gern die Reihenfolge, lassen sich bei geschlossenen Augen darüberführen und versuchen, das Material zu erraten.

Auch in unseren Turnstunden kommen die Füße nicht zu kurz. Die Kinder denken sich originelle Fußbegrüßungen aus, üben die verschiedensten Gangarten, ihre Füße experimentieren mit Kleinmaterialien und entdecken dabei deren Eigenschaften und Gesetzmäßigkeiten. Die Kinder bauen Kunstwerke und malen mit den Füßen, spielen Fußpantomime (meist Begegnung/Streit/Versöhnung), und sie probieren aus, sich ohne Füße fortzubewegen. Das ist sehr anstrengend. Wie gut, daß wir unsere Füße haben!

Immer zum Kindergartenjahrbeginn kommen mit neuen Eltern auch einige – uns inzwischen vertraute – Bedenken wegen des Barfußturnens hoch. Deshalb kann die Überzeugungsarbeit niemals aufhören. Inzwischen setzen wir dabei auch einen Videofilm ein, den zwei Bamberger Studentinnen im Rahmen ihrer Diplomarbeit in unserer Turnstunde gedreht haben. Thema: „Meine und deine Füße". Dieser Film bewirkt mehr als viele Worte.

Wenn unsere Kinder in die Schule kommen, haben sie gesunde, sensible, sehr geschickte Füße, und dafür lohnt es sich zu kämpfen.

6. Ein Erfahrungsfeld der Sinne in der Ausbildung von ErzieherInnen

(Andrea Baltes, Fachschule für Sozialpädagogik an den Beruflichen Schulen, Kempen)

Der folgende Bericht einer Lehrerin an einer Ausbildungsstätte für Sozialpädagogische Fachkräfte beschreibt ein langfristig angelegtes Projekt, das die Sensibilisierung der Sinneswahrnehmung in den Mittelpunkt eines Ausbildungsabschnittes stellte.

6.1 Ausgangsbasis, Motivation

„Sensibilisierung der Sinneswahrnehmung" – eigentlich nichts Neues in der Erzieherausbildung. Zwei Begegnungen in der Praxis ließen mich allerdings aufhorchen und diese Thematik wesentlich differenzierter und neuartig angehen.

Kontakt zum Montessori Kinderhaus in Straelen

In dieser Einrichtung sammelte ein Schüler meiner zu betreuenden Unterstufe in einer integrativen Gruppe Praxiserfahrungen. Hier wurden behinderte und nichtbehinderte Kinder gemeinsam betreut.

Die Gruppenleiterin war ausgebildete Erzieherin mit dem Zusatzstudium der Heilpädagogik, das sie in den Niederlanden absolviert hatte. Bei Hospitationen und Gesprächen wurde deutlich, daß die Förderung der Sinneswahrnehmung in der Heilpädagogik eine zentrale Rolle einnimmt und daß unsere holländischen Nachbarn uns Deutschen in Ausbildung und Praxis diesbezüglich um einiges voraus sind.

Neugierig geworden, lud ich die Heilpädagogin dazu ein, in unserer Klasse über ihre praktische Arbeit mit behinderten und nicht behinderten Kindern zu berichten.

Sie zeigte uns einen eindrucksvollen Film, in dem sie den Kindern Rasierschaum anbot, mit dem sie vielfältige lustvolle Experimente auf verschiedenen Oberflächen wie z. B. Spiegel, Tischplatten, Fußboden und der eigenen Haut durchführten.

In diesem Zusammenhang wollten wir Näheres über die Ausbildung der Heilpädagogen erfahren: Eingangsvoraussetzungen für das Studium, inhaltliche Schwerpunkte, Arbeitsfelder und Berufsaussichten.

Wir hörten in diesem Zusammenhang erstmals von der „Snoezel"-Bewegung in den Niederlanden, die sehr erfolgreich in der Arbeit mit Behinderten erprobt wurde und mittlerweile zum festen Bestandteil in der Heilpädagogik zählt.

Wir erfuhren von einer Adresse des Behindertenzentrums in Ede/Holland, das entsprechende Snoezelräume eingerichtet hat und Informationsveranstaltungen für Besucher durchführte, verbunden mit der Erprobung der Snoezelräume.

Wir fuhren also dorthin, erhielten einen kleinen Überblick über die Entwicklung verschiedener heilpädagogischer Ansätze und waren beeindruckt von den Snoezelräumen.

Hier gab es Wasserbetten, auf denen die Musikfrequenzen an den Körper weitergeleitet wurden, Tastwände und Säulen, Spiegelobjekte, Entspannungsmusik, bewegte Bilder, die durch den Raum wanderten, Duftobjekte, eine elektrische Wiege für Erwachsene, die sehr langsam elektrisch bedient wurde, vielfältige Klangobjekte, z. B. ein „Regenrohr", Hupen, Instrumente, Bällchenbäder, in denen man regelrecht wegtauchen konnte etc.

Beeindruckt von diesen Erfahrungen, ließ uns die Idee des „Snoezelns" nicht los. Wir überlegten, was wir für unsere Arbeit mit Kindern verwerten konnten, und waren entschlossen, einige Objekte nachzubauen.

Kontakt zum Sprachheilkindergarten in Wachtendonk

In diesem Kindergarten werden speziell Kinder mit Sprachauffälligkeiten bzw. -störungen betreut.

Die Gruppen von 10 Kindern werden begleitet von Erzieherinnen und einer Logopädin, die ebenfalls in den Niederlanden ihre Ausbildung gemacht hat. Auch hier luden wir die Leiterin und die Logopädin in die Klasse ein, um über ihre Arbeit zu berichten.

In den Videoaufzeichnungen wurde deutlich, daß die Förderung der Sinneswahrnehmung eine zentrale Bedeutung in der Arbeit mit sprachgestörten Kindern hat. Die Logopädin berichtete uns, daß

Sprachstörungen auf Wahrnehmungsstörungen beruhten, die sowohl organische als auch psychische Ursachen haben können. Fördere man die Sinne, so erfasse man das Kind ganzheitlich und fördere somit ganz entscheidend auch die Sprache.

Wir hörten den Vorwurf, daß in den sogenannten „Regelkindergärten" die Förderung der kognitiven Entwicklung häufig eine zentrale Stellung einnähme, die Kinder zu „verkopft" angesprochen würden.

Eine breitere Ausrichtung auf die Sensibilisierung der Sinneswahrnehmung würde auch den sog. nichtbehinderten Kindern für die Entwicklung der Gesamtpersönlichkeit zugute kommen und damit eine breite Basis für die kognitive, sozial-emotionale und motorische Entwicklung bedeuten. Auch die Erzieherausbildung berücksichtige diesen Aspekt oft nur schmalspurig (– da war etwas dran!).

Ich mußte gestehen, daß dieser Vorwurf auf mich zutraf, mich allerdings auch dazu motivierte, diesen Zustand bald zu ändern.

Die Idee eines Projektes zur Förderung der Sinneswahrnehmung war geboren. Die Realisierung betraf allerdings erst die nächste Klasse, die ich betreute.

6.2 Projektplanung

Rahmenbedingungen

- *Zielgruppen:*
Zwei Unterstufen mit insgesamt 50 Schüler/innen
- *Unterrichtsfächer:*
Didaktik / Methodik, Spiel, Kunsterziehung
- *Zeitrahmen:*
3 Monate (Mitte August bis Mitte November 1996)
- *Finanzrahmen:*
1800,– DM

Ausgangsbasis

Neue Ausbildungsordnung für Erzieher:
Für die o.g. Unterstufen gilt die neue Ausbildungsordnung, mit deren Umsetzung ich erstmalig für die Fächer Didaktik / Methodik und Spiel Erfahrungen sammle.

Wesensmerkmale dieser Ausbildungsordnung sind u. a. die Förderung der Gesamtpersönlichkeit des Erziehers, die Selbst- und Fremdwahrnehmung, die Konkretisierung der Berufsmotivation, Vermittlung der Unterrichtsinhalte in fächerübergreifenden Projekten, um Sinnzusammenhänge des Fächerkanons in der Ausbildung erlebbar zu machen.

Kooperation der Fachlehrer
Die Konsequenzen aus der Absicht, fächerübergreifenden Unterricht zu konzipieren, beinhaltet eine intensive Zusammenarbeit der beteiligten Lehrer.
Erfreulicherweise hatte ich hier ideale Bedingungen, da die Kooperation mit den betreffenden Kollegen für dieses Projekt bereits seit vielen Jahren fachlich und menschlich gut funktioniert.

Jubiläumsfeier der Fachschule für Sozialpädagogik zum 25jährigen Bestehen in Kempen am 21. November 1996
Alle Klassen der FSP wurden gebeten, Beiträge hierzu zu leisten. Hier sahen wir eine gute Möglichkeit, unser Projekt der Öffentlichkeit vorzustellen, verbunden mit der Einladung, eigene „sinnliche" Erfahrungen mit unseren Objekten zu erproben.

Ziele des Projektes
– Sensibilisierung der eigenen Sinneswahrnehmung durch vielfältige Erprobungen;
– Erkennen persönlicher Vorlieben und Abneigungen;
– Erinnerungen an prägende Kindheitserinnerungen im Zusammenhang der Sinneserfahrungen und Austausch darüber;
– Erarbeiten von Sachinformationen zum Thema „Sinne" in Kleingruppen und Vermittlung an die Klassenkameraden;
– Entwicklung von Handlungsmodellen für die Praxis, insbesondere für den Elementarbereich;
– Entscheidung für die Zuordnung in Arbeitsgruppen mit eigenständigen Arbeitsaufträgen;
– Zusammentragen von Spielideen und Erprobung in der Spielleiterrolle;
– Erfahrungen sammeln bezüglich der Kooperation innerhalb der Arbeitsgruppen (Entscheidung für das zu erstellende Objekt, Kostenvoranschläge einholen, Materialbeschaffung, Arbeitsaufteilung);
– Erkennen von Sinneszusammenhängen der Fächer Didaktik/Methodik, Spiel und Kunsterziehung;

- Erfahrungen sammeln mit Öffentlichkeitsarbeit durch die Präsentation der Ergebnisse zum Jubiläum;
- Öffnung des Klassenverbandes durch übergreifende Aufgabenstellungen.

Organisation und Inhalte des Projektes

Die beiden Klassen wurden in Arbeitsgruppen aufgeteilt, orientiert an den jeweiligen Sinnessystemen. Jedes Sinnessystem sollte in jeder Klasse vertreten sein.

Inhalte für das Fach Didaktik und Methodik
Sachanalysen zum jeweiligen Sinnessystem wurden aus Biologie- oder Sachbüchern erstellt.
Inhalte:
- Aufbau und Funktion des Sinnesorgans;
- Bedeutung der Sinneswahrnehmung für die Entwicklung des Kindes, Begriffsdefinition: „Wahrnehmung";
- Möglichkeiten zur Förderung im Kindergarten;
- Sammlung „sinnlicher" Sprache aus dem Alltag;
- Erprobung eines Beispiels aus der Naturbegegnung: „Sinneswahrnehmung und Meditation mit Steinen";
- Erinnerungen an prägende Kindheitserinnerungen im Zusammenhang mit Sinneserfahrungen und Austausch darüber;
- Nachbereitung des Besuches der Kükelhausausstellung „Erfahrungsfeld zur Entfaltung der Sinne" anhand des Videos: „Das Leben ist Schwingung";
- Nachbereitung des Besuches der Snoezelräume im Behindertenzentrum De Hartenberg in Ede/Holland anhand des Videos der Institution.

Inhalte für das Fach „Spiel"
Spielideen wurden in Kleingruppen zusammengestellt bzw. entwickelt entsprechend dem gewählten Sinnessystem.
 Die Spiele wurden zur Erprobung in der Klasse vorbereitet, dabei Übernahme der Spielleiterrolle.

Inhalte für das Fach Kunsterziehung
Objekte zur Sinneswahrnehmung wurden entsprechend ihrer gewählten „Sinnesgruppe" erstellt.

Die Gruppen verschafften sich einen Überblick über die Möglichkeiten. Hilfreich waren hier die Fotos von unseren vorbereitenden Exkursionen nach Duisburg und Ede, ergänzend kamen eigene Ideen dazu.

Auswahlkriterien waren neben der persönlichen Motivation die Kostenfrage, Arbeitsaufwand, Materialbesorgung, Schwierigkeitsgrad und die Möglichkeiten der Arbeitsteilung.

Sehr schnell wurde uns deutlich, daß der Geschmackssinn bei unseren Objekten aus hygienischen Gründen nicht berücksichtigt werden konnte.

Organisation
Die Materialbesorgung sollte möglichst von den Gruppen selbst übernommen werden. Dabei war die Überlegung, kostenfreie Materialquellen ausfindig zu machen, die Ausgangsbasis. Darüber hinaus sollten Kostenvoranschläge eingeholt werden für die benötigten Materialien, um uns zunächst einen Überblick zu verschaffen und dann gemeinsam Entscheidungen für Anschaffungen zu treffen. Aus Kostengründen wurden einige Prioritäten neu gesetzt.

Bereits bei der Materialbesorgung kam die Beratung durch verschiedene Fachleute in den Familien der Schüler, Kollegen in der Schule und Fachhändler zum Tragen.

Leider war es aus schulinternen Gründen nicht möglich, die Materialbesorgungen, die mit Kosten verbunden waren, durch die Schüler erledigen zu lassen. Es konnten über die Schüler weder Bestellungen auf Rechnungen aufgegeben werden, noch konnten wir – bis auf wenige Ausnahmen – den Schülern Bargeld aushändigen.

Das hatte zur Folge, daß wir sehr viel Zeit und Kraft für die Materialbesorgungen aufwenden mußten und dadurch teilweise Engpässe in den Gruppen entstanden sind. Wir bedauern es sehr, daß dieses wichtige Feld der Materialbeschaffung für die Schüler kaum erlebbar wurde. Erfreulicherweise zeigten einige Schüler viel Einfallsreichtum bei der Beschaffung kostenloser Materialien.

6.3 Durchführung des Projektes

Besuch der Hugo Kükelhausausstellung „Erfahrungsfeld zur Entfaltung der Sinne" im Landschaftspark Duisburg-Nord

Erfreulicherweise hatten wir durch einen glücklichen Zufall einen idealen Einstieg in unser Projekt. Hier konnten wir vielfältige Sinneswahrnehmungen an verschiedenen Objekten und Räumlichkeiten erproben.

Eine Videoaufzeichnung vom letzten Interview Hugo Kükelhaus' vor seinem Tod war eine gute Ergänzung zur praktischen Erfahrung mit seinen Objekten zur Sinneswahrnehmung. Titel des Videos: „Das Leben ist Schwingung". Hier erläuterte er seine philosophischen Grundgedanken zur Entwicklung der Objekte. In der Klasse wurde hierdurch eine interessante und kontroverse Diskussion ausgelöst.

Die Idee, weitere Sinneserfahrungen in sogenannten „Snoezelräumen" im Behindertenzentrum in Holland zu ermöglichen, wurde gerne aufgenommen.

Besuch des Behindertenzentrums De Hartenberg in Ede/Holland

Die Sinneserfahrungen, die wir hier machen konnten, zeigten nachhaltige Wirkungen: Attraktionen waren die Wasserbetten, das Bällchenbad, in dem man regelrecht wegtauchen konnte; der sog. „weiße" Raum mit bewegten Bildern an den Wänden, Wassersäulen, Hängematten, Kranichen am „Himmel" und angenehmer Entspannungsmusik sprach uns in besonderer Weise an, ebenso die vielen Tastelemente, die zum Nachbau anregten.

Kurzum, die Motivation, eigene Objekte zu bauen, war gelungen. Eine Studienmappe über Selbstbau von Snoezelmaterialien und das Videoband „Snoezelen, eine andere Welt" waren eine wertvolle Ergänzung für unsere Weiterarbeit in Kempen.

6.4 Reflexion

Präsentation der Projektarbeit zum Jubiläum

Für die Präsentation konnten wir beide Klassenräume der Unterstufen nutzen, deren Zwischenwand zu öffnen war. So hatten wir die Möglichkeit, alle Objekte zusammenhängend zu präsentieren. Mit liebevoller Kleinarbeit wurde die Ausstellung vorbereitet. Ein gewisser Stolz der Akteure war unverkennbar. Für die Besucher wurde ein Betreuungsdienst organisiert.

Das Interesse und die Reaktionen der Gäste waren sehr positiv. Neben der Begutachtung der Objekte waren die meisten motiviert, die Angebot „sinnlich" zu erproben.

Besonders erfreulich für uns war das Echo der Praxisvertreter aus verschiedenen Institutionen. So waren beispielsweise einige Erzieher daran interessiert, Objekte für ihre Kindertagesstätten oder Jugendheime zu entleihen und einige Dinge nachzubauen.

Eine Vertreterin eines Altenheimes – sie ist Mutter einer unserer Schülerinnen – fuhr mit uns nach Ede und verfolgte interessiert den Werdegang unseres Projektes. Auch sie möchte einige Ideen für ihre Arbeit aufgreifen, mit den Heimbewohnern einige Objekte nachbauen und einen Snoezelraum einrichten.

Bei der internen Feier mit dem Kollegium unserer Schule kam ebenfalls eine positive Resonanz. Es wurde von einigen der Wunsch geäußert, unseren „Snoezelraum" noch einen Tag für die Schüler aus anderen Abteilungen zur Verfügung zu stellen, was wir gerne ermöglicht haben. Es sollten einige Objekte in der Eingangshalle aufgestellt werden, um sie Schülern und Besuchern nutzbar zu machen.

Überprüfung der Ziele

Die genannten Ziele sind erreicht worden, allerdings in unterschiedlicher Ausprägung in den Arbeitsgruppen. Es wurde erkannt, daß die eigene sinnliche Wahrnehmung des Erziehers ein wesentlicher Baustein für die Arbeit mit Kindern ist. Nur wenn er einen eigenen Bezug dazu hergestellt hat, ist er dazu in der Lage, sinnliche Wahrnehmung den Kindern zu vermitteln und erlebbar zu machen.

Probleme stellten sich teilweise in der Kooperation durch unklare Absprachen, verschiedene Gestaltungsideen, Arbeitsaufteilungen, Entscheidungsfindungen und unterschiedlich ausgeprägtes Engagement der Beteiligten.

Es war ein Übungsfeld für die im Erzieherberuf erforderliche Teamarbeit. Insgesamt war das Projekt für die Beteiligten erfolgreich.

Probleme, die sich stellten

Finanzkalkulation

Die Einschätzung der anfallenden Kosten fiel uns besonders schwer. So kam es, daß unsere anfänglich geschätzte Summe von 600,- DM verdreifacht werden mußte und wir eine Endsumme von 1800,- DM erzielten!

Erfreulicherweise wurde uns diese Summe gewährt.

Klassenübergreifende Absprachen und Organisation

Es war nicht immer möglich, alle Absprachen mit beiden Klassen gleichzeitig zu treffen, so daß die Sorge der Übervorteilung und Fremdbestimmung durch die jeweils andere Klasse aufkam.

Bei der Bildung der Arbeitsgruppen gab es Mißverständnisse und Emotionen, so daß die Projektarbeit bereits zu Beginn zu kippen drohte. In einer sachlichen Aussprache konnten die Mißverständnisse ausgeräumt werden.

Bei der Erstellung verschiedenartiger Objekte in den Arbeitsgruppen war individuelle Beratung notwendig, die aber nicht gleichzeitig für alle leistbar war.

Dadurch, daß der Schwierigkeitsgrad und der Arbeitsaufwand zur

Erstellung der Objekte sehr unterschiedlich waren, entstand für einige Gruppen ab und zu eine Leerlaufphase. Die meisten reagierten flexibel darauf, indem sie ihre Hilfe in anderen Gruppen anboten.

Die Projektdauer von insgesamt 3 Monaten wurde von einzelnen Teilnehmern als recht lang empfunden.

Materialbesorgung
Wie bereits erwähnt, konnten die Schüler hier nur sehr begrenzte Erfahrungen machen. Sie beschränkten sich zunächst darauf, kostenfreie Bezugsquellen ausfindig und nutzbar zu machen. Das Einholen von Kostenvoranschlägen, Finanzkalkulation und Materialtransport, Materialbestellungen etc. wurden – anders als von uns beabsichtigt – von uns Erwachsenen erledigt. Bei der Fülle der Materialien und Bezugsquellen war das eine zeit- und kraftaufwendige Angelegenheit. Nur in wenigen Ausnahmefällen war es uns möglich, diesbezüglich Aufträge an die Schüler zu erteilen.

Wir bedauern es sehr, daß dieser wichtige Part des Projektes für die Schüler ausgespart blieb. Für zukünftige Projekte sollten hier neue Wege gefunden werden.

Begünstigende Faktoren für unsere Projektarbeit
- Freiräume in der didaktisch-methodischen Gestaltung;
- wohlwollende Unterstützung innerhalb des Kollegiums auch aus anderen Abteilungen unserer Schule;
- Engagement der Schüler;
- konstruktive Kooperation mit den zuständigen Fachlehrern der U2 Frau Fragen und Frau Bender;
- Möglichkeit der Präsentation der Projektarbeit zum Jubiläum und somit die Erfassung einer breiten Öffentlichkeit durch die Besucher und die Presse;
- Erprobung neuer Unterrichtsformen bedingt durch die neue Ausbildungsordnung.

Resümee

Alles in allem war es eine arbeitsintensive und erfolgreiche Erfahrung einer Projektarbeit und in diesem Umfang ein Novum für alle Beteiligten. Die erstellten Objekte können noch vielfältig genutzt und gegebenenfalls erweitert werden.

Ein Erfahrungsfeld der Sinne in der Ausbildung von ErzieherInnen

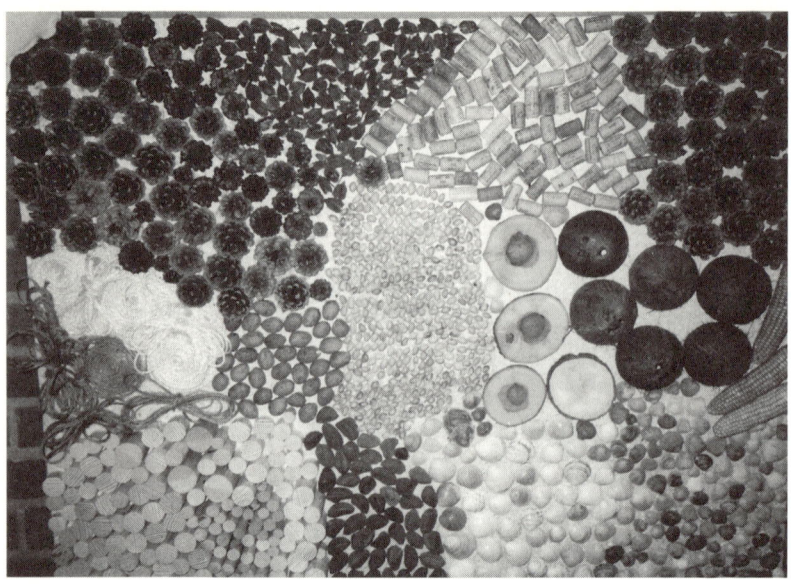

Tatkräftige Hilfe kam im übrigen auch von Kollegen aus den Bereichen Musik, Schreinerei und Metalltechnik.

Abschließend seien einige Objekte und Sinnesstationen aufgeführt, die von den Schülerinnen und Schülern in Eigenbau – mit vielen sinnlichen Erfahrungen während der Werktätigkeit – hergestellt wurden:

Tastwände
aus Bürsten, Besen, Fußmatte, Holzscheiben, Muscheln, Nüssen, Kokosschalen, Korken, Tannenzapfen, Rundhölzern, Maiskolben, Wolle

Tastsäulen
aus Alufolie, Topfkratzern, Plastiktüten, Stroh, Filzmatten, Gummimatten, Wellpappe

Stoffduschen
Material: Rahmen zur Aufhängung – bestehend aus zwei Leisten, je 1 m lang, 3 x 3 cm stark, in denen 10 Rundhölzer befestigt sind. Stoffstreifen, je 10 cm breit und 2 m lang in den Farben Rot, Gelb, Orange für die „Warmdusche", Blau, Türkis und Grün für die „Kaltdusche". Plastikstreifen aus blauen Müllbeuteln für die „Wasserdusche".

Reflexion

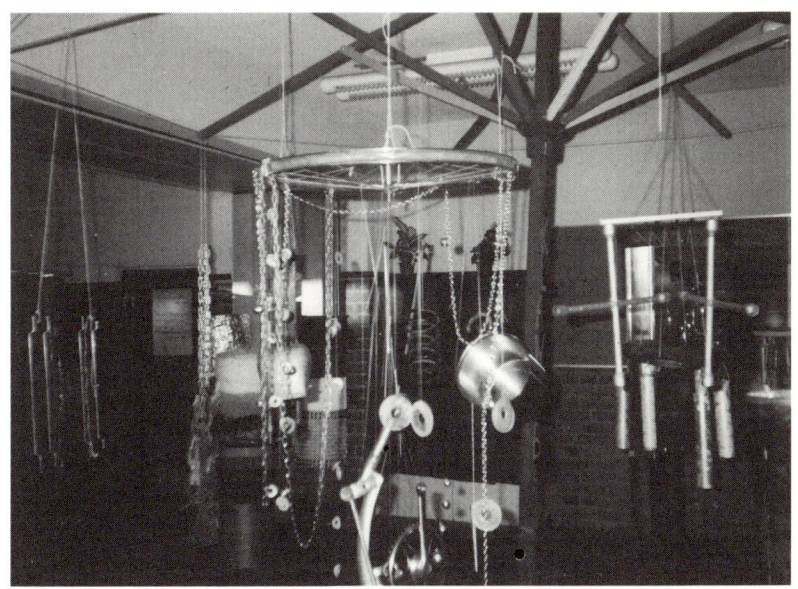

Klangbaum

Ein Marktschirmständer ohne Stoffbespannung, bunt bemalt, bildet die Basis. Er steht in einem Betonsockel. Daran hängen Klangobjekte aus Metall, z. B. Kuhglocke, alte Filmdosen, Rohre, Ketten, Fahrradteile, Glocken, Nägel, Schrauben, Spiralen, Töpfe, Topfdeckel etc.

Regenrohr

Material: Pappröhre (aus Stoffgeschäften), Länge ca. 1 m, d = 8–10 cm, Nägel, ca. 4–5 cm lang, Abtönfarbe, Plastikdeckel als Verschluß oben und unten. Füllung: 1 Tasse Reis.

Herstellung: Die Nägel werden in dichtem Abstand in die Röhre eingeschlagen, so daß sie rundum gleichmäßig verteilt sind. Der Boden des Rohrs wird geschlossen, der Reis wird eingefüllt, der Deckel verschlossen.

„Regen" entsteht, wenn man den Reis langsam durch das Rohr entlang den Nägeln rieseln läßt. Die farbige Verzierung des Rohrs erfolgt zum Schluß.

Spiegelkasten

Material: 1 Holzkasten mit Deckel, an einer Schmalseite ist ein Guckloch eingearbeitet. Die Innenausstattung besteht aus Spiegellamellen, die an alle Innenflächen geklebt sind, auch an den Deckel. An der gegenüberliegenden Fläche des Guckloches sind die Spiegelflächen keilförmig zusammenlaufend. Davor stellt man im Abstand von ca. 5–10 cm ein brennendes Teelicht.

Man schließt den Deckel und kann durch das Guckloch ein herrliches „Lichtermeer" entdecken.

7. Literatur

AMT FÜR KINDERTAGESSTÄTTENARBEIT IN DER EKIBB (Hrsg.): Räume und Sinne. Berlin 1993³
BACHMANN, R.: Ökologische Außengestaltung in Kindertagesstätten. Berlin 1994
BECKER-TEXTOR, I.: Kindergarten 2010. Freiburg 1994
BECKER-TEXTOR, I./TEXTOR, M.: Der offene Kindergarten – Vielfalt der Formen. Freiburg 1997
BORT-GSELLA, W.: Räume gestalten – Spielräume schaffen. Münster 1992
BREHMER, CH.: Snoezelen. In: Zeitschrift für Heilpädagogik¹, 1994
CORNELL, J.: Mit Kindern die Natur erleben. Mühlheim 1994
DACHALE, H./BLECKMANN, D.: Manege frei – wir sind dabei. Offenbach 1988
DREISBACH, J./HAAS -KRUMM/PHILIPPS-PRENZEN, M.: Nischen, Höhlen, Hängematten. Berlin 1995
FREY, K.: Die Projektmethode. Weinheim 1982
GUDJONS, H.: Was ist Projektunterricht. In: Westermanns Pädagogische Beiträge 36 (1984) S. 260–266
HÄNSEL, D. (Hrsg.): Das Projektbuch Grundschule. Weinheim 1995
HERRMANN, G. u. a.: Das Auge schläft, bis es der Geist mit einer Frage weckt. Berlin 1993
HOHENAUER, P.: Spielplatzgestaltung – naturnah und kindgerecht. Wiesbaden 1995
KRENZ, A.: Die Konzeption – Grundlage und Visitenkarte einer Kindertagesstätte. Freiburg 1996
KÜHNE, T./REGEL, G.(Hrsg.): Erlebnisorientiertes Lernen im offenen Kindergarten.Hamburg 1996
KÜKELHAUS, H./ZUR LIPPE, R.: Entfaltung der Sinne. Frankfurt 1984
LANGE, U./STADELMANN, T.: Spiel-Platz ist überall. Freiburg 1996
LÖSCHER, W.: Riech- und Schmeckspiele. München 1989³
LÖSCHER, W.: Hör – Spiele. München 1992⁴
LÖSCHER, W. (Hrsg.): Vom Sinn der Sinne. München 1994
MAHLKE, W./SCHWARTE, N.: Raum für Kinder. Ein Arbeitsbuch zur Raumgestaltung im Kindergarten. Weinheim 1989
NAEGELE, I./HAARMAN, D. (Hrsg.): Darf ich mitspielen? Kinder verständigen sich in vielen Sprachen. Weinheim 1991
NATURSCHUTZZENTRUM NORDRHEIN-WESTFALEN: Natur-Spielräume für Kinder. Recklinghausen 1991
NEUBAUER, W.F.: Selbstkonzept und Identität im Kindes- und Jugendalter. München 1976

OBERHOLZER, A./LÄSSE, L.: Gärten für Kinder. Stuttgart 1993
REGEL, G./WIELAND, A.J. (Hrsg.): Offener Kindergarten konkret. Hamburg 1993
SCHAFFNER, K.: Mit allen Sinnen die Welt erfahren. Freiburg 1997
SCHAFFNER, K.: Die schönsten Turnstunden für Kinder im Vor- und Grundschulalter. Celle 1997
SCHNEIDER, K.: Krippenbilder. Berlin 1989
SEITZ, R.: Tast-Spiele. München 1991^5
SEITZ, R.: Seh-Spiele. München 1992^4
STEINER, F. u. R.: Die Sinne – spielen, gestalten, Freude entfalten. Förderung der Wahrnehmungsfähigkeit bei Kindern. Linz 1996
STEMMERMANN, Ch./WOPP, Ch./ZECHNER, F.: Selbstbau von Sinnesstationen: Oldenburg 1995
STRÄTZ, R./DERKS-KILLEMANN, G./BOURGEOIS, S.: Natur und Umwelt im Kindergarten. Köln 1991
TEXTOR, M.: Projektarbeit im Kindergarten. Freiburg 1995
THIESEN, P.: Mit allen Sinnen spielen. Weinheim 1996
VON DER HORST, R. (Hrsg.): Handbuch Spielraum. Winsen 1996
ZIMMER, R.: Kreative Bewegungsspiele. Psychomotorische Förderung im Kindergarten. Freiburg 1989
ZIMMER, R.: Handbuch der Bewegungserziehung. Freiburg 1993
ZIMMER, R.: Schafft die Stühle ab. Freiburg 1995a
ZIMMER, R.: Handbuch der Sinneswahrnehmung. Grundlagen einer ganzheitlichen Erziehung. Freiburg 1995b
ZIMMER, R.: Zur Bedeutung von Körper- und Bewegungserfahrungen für das Selbstwerden des Kindes. In: Kindergarten heute 27 (1997), 1, S. 6–15
ZIMMER, R./CICURS, H.: Psychomotorik. Schorndorf 1994^3
ZIMMER, R./CLAUSMEYER, I./VOGES, L.: Tanz – Bewegung – Musik. Situationen ganzheitlicher Erziehung im Kindergarten. Freiburg 1994^3

Folgende Einrichtungen waren an der Durchführung der Projekte beteiligt:

Evangelisch-lutherischer Kindergarten, Hasbergen
Kindertagesstätte der Margarete Wehling-Stiftung, Detmold
Kinderhaus Astrid Lindgren, Emsdetten
Kindertagesstätte Douvermannstraße, Dinslaken
Kindertagesstätte Oberlohmannshof, Bielefeld
Kindertageseinrichtung „Tausendfüßler", Schwerte
Martini-Kindergarten, Melle
Naturkindergarten des Landwege e.V., Lübeck
Kindergarten Christuskirche, Schweinfurt
Städtische Kindertagesstätte Schölerberg, Osnabrück
Fachschule für Sozialpädagogik an den Beruflichen Schulen, Kempen

Bildnachweis

Birte Bruns: 7, 24, 61, 63
Renate Zimmer: 15, 28, 56, 83, 87
Lisa Volkamer: 71
Juliane Mende: 54, 58
Renate Wiener: 91
Karin Schaffner: 96, 99, 105
Martini Kindergarten Melle: 109, 111
Ursula Godemann: 118
Beate Nadgrabski: 119
Ev. luth. Kindergarten Hasbergen: 129
Kindergarten Douvermannstraße, Dinslaken: 134
Kindergarten Oberlohmannshof, Bielefeld: 136
Andrea Baltes: 126, 148, 152, 153

Skizzen und Zeichnungen

Kerstin Tieste: 45, 88
Andrea Oehler: 103
Inka Babatz/Michaela Mehlich: 123

Da bewegt sich was!

Renate Zimmer
Kreative Bewegungsspiele
Psychomotorische Förderung im Kindergarten
ISBN 3-451-20129-1
Bewegungserziehung, die Spaß macht und optimal fördert.

Renate Zimmer
Schafft die Stühle ab!
Bewegungsspiele für Kinder
Herder/Spektrum
Band 4345
Gegenakzente zu einer Fernseh- und Computerkindheit.

Renate Zimmer/Ingrid Clausmeyer/Ludwig Voges
Tanz – Bewegung – Musik
Situationen ganzheitlicher Erziehung im Kindergarten
ISBN 3-451-22176-4

Die Tonkassette zum Buch:
Alle Lieder und Tänze von Ludwig Voges, die im Buch beschrieben und mit Noten wiedergegeben sind.
ISBN 3-451-22475-5

Im Buchhandel erhältlich

HERDER

Mit allen Sinnen...

Renate Zimmer
Handbuch der Bewegungserziehung
Didaktisch-methodische Grundlagen und Ideen für die Praxis
224 Seiten, gebunden
ISBN 3-451-22940-4

Die Anleitung zu einer kindorientierten, in den Kinderalltag integrierten Bewegungserziehung – das Standardwerk zum Thema!

Renate Zimmer
Handbuch der Sinneswahrnehmung
Grundlagen einer ganzheitlichen Erziehung
216 Seiten, gebunden
ISBN 3-451-23538-2

Ein kompaktes, hilfreiches Handbuch, das theoretische Grundlagen und pädagogische Praxis „sinnvoll" verbindet und dazu anregt, sich die Sinne spielerisch zu erobern.

Im Buchhandel erhältlich

HERDER